파스칼,
신에게 메일을 받다

탐 철학 소설 40

파스칼, 신에게 메일을 받다

초판 인쇄	2020년 7월 10일
초판 발행	2020년 7월 15일
지은이	임종수
책임 편집	김현경
마케팅	강백산, 강지연
디자인	이정화
표지 일러스트	박근용
펴낸이	이재일
펴낸곳	토토북

주소 04034 서울시 마포구 양화로11길 18 3층 (서교동, 원오빌딩)
전화 02-332-6255 | 팩스 02-332-6286
홈페이지 www.totobook.com | 전자우편 totobooks@hanmail.net
출판등록 2002년 5월 30일 제10-2394호
ISBN 978-89-6496-401-9 44100
ISBN 978-89-6496-136-0 44100 (세트)

● 이 책의 사용 연령은 14세 이상입니다.
● 탐은 토토북의 청소년 출판 전문 브랜드입니다.

파스칼,
신에게 메일을 받다

임종수
지음

4

탐
철학
소설

티

팀

차례

머리말

'생각하는 갈대' 파스칼을 다시 만나다 · · · · · · · · · · · · · 006

프롤로그 · 011

1. 왜 착한 사람이 고통을 받아야 할까? · · · · · · · · · 015

2. 고통과 함께 살아가는 법 · · · · · · · · · · · · · · · 027

3. 신을 찾아 나서다 · · · · · · · · · · · · · · · · · · · 039

4. '숨은 신'의 메일이 도착했습니다 · · · · · · · · · · · 063

5. 의심하면서도 찾지 않는다면 · · · · · · · · · · · · · 073

6. 세상은 잘 돌아간단다, 신이 없어도 · · · · · · · · · 089

7. 마음으로 느끼는 거야 · · · · · · · · · · · · · · · · 109

8. 의심하는 게 나쁜가요? · · · · · · · · · · · · · · · · 119

9. 누군가에게 되고 싶은 사람 · · · · · · · · · · · · · · 129

10. 숨은 신의 선물 · 135

에필로그

원이에게 · **146**

부록

파스칼 소개 · 152

《팡세》에 대하여 · · · · · · · · · · · · · · · · · 157

파스칼의 생애 · · · · · · · · · · · · · · · · · · 159

읽고 풀기 · 162

'생각하는 갈대' 파스칼을 다시 만나다

책에는 사람을 묶어 주는 묘한 힘이 있나 봅니다. 얼굴을 못 보아도 이렇게 만날 수 있게 해 주니까요. 책은 상상의 날개를 펴도록 이끄는 듯합니다. 책을 읽다 보면 저자의 마음이 느껴지기도 하고, 얼굴도 그려지곤 합니다. 여러 다른 생각들이 떠오르기도 하고요. 그러다가 마음에 닿는 문장을 발견하기라도 하면 고개가 끄덕여지며 저자의 마음에 공감하게 됩니다. 여러분은 어떤가요? 좋아하는 문장이나 말이 있나요? 중학 시절이었습니다. 저는 '인간은 생각하는 갈대'라는 파스칼의 말을 좋아했습니다. 뜻도 잘 모른 채 '생각하는 갈대'라는 표현에 매혹되었지요. 내용보다는 아름다운 문학적 표현에 끌리던 무렵이라, '인간은 이성적 존재'라는 딱딱한 정의보다 '인간은 생각하는 갈대'라는 시적 표현이 좋았던 것 같습니다.

그러나 '인간은 생각하는 갈대'라고 한 파스칼을 만난 건 고교 1학년 가을이었습니다. 책방에서 《팡세》를 구하자마자 '인간은 생각하는 갈대'라는 표현부터 먼저 찾았습니다. '인간은 자연 가운데에서 가장 연약한 한 개의 갈대에 불과하다. 그러나 그것은 생각하는 갈대이다.' 연필로 밑줄을 그었습니다. 그런데, 생각하는 갈대라는 말의 앞뒤로 붙은 문장들이 뜻밖이었습니다. 이 한 줄이 그저 근사하기만 한 말이 아니란 것을 어렴풋하게나마 알아차리게 되었습니다.

T. S. 엘리엇(《황무지》라는 유명한 시에서 '4월은 잔인한 달'이라고 노래한 시인)의 〈파스칼의 팡세〉란 글을 우연히 읽게 되었습니다. 그 글의 한 대목에 눈길이 멈추었습니다. 파스칼이 세상을 떠난 후, 외투 안쪽에 꿰매어진 데서 종잇조각이 발견되었다는 구절이었습니다. 무얼까? 다름 아닌 파스칼이 자신의 극적 회심을 남긴 메모였습니다(이 메모는 《팡세》에도 담겨 있습니다).

과학과 수학의 천재라는 파스칼이 어떻게 종교적 경험을 통해 신 앞에 무릎을 꿇고 극적인 신앙의 회심을 경험했을까 궁금해졌습니다. 헌책방을 돌며 파스칼과 관련된 책들을 구해 읽었습니다. 학교 공부는 뒷전이었습니다. 온전히 이해하지 못해도 파스칼을 알아 가는 재미가 컸습니다. 고교 1학년 가을에서 다음 해까지 파스칼에 푹 빠져 지냈습니다. 《팡세》의 문장 한 줄 한 줄이 몸에 새겨지는 기분이 들 정도였습니다.

그러나 스무 살 고개에서 한참 동안 파스칼을 멀리했습니다. 저를 둘러싼 안팎의 상황이 파스칼과 같은 신앙의 확신을 갖지 못하게 했기 때문일까요? 신의 존재에 대한 물음, 제가 몸담은 그리스도교에 대한 회의도 들기 시작했습니다. 무엇보다 '세상의 악과 고통에 왜 신은 침묵하는가'라는 물음이 제 마음을 가득 채워 갔습니다. 이러한 물음을 안고서 종교철학, 신학 공부와 씨름했지만 오히려 그로 인해 신앙에 냉랭해지기도 했답니다.

다시 시간이 흘렀습니다. 누구나 흔들릴 때면 붙잡아 줄 버팀목을 찾게 마련일까요. 《팡세》의 구절들이 마음속에 떠오르기 시작했고, 책꽂이에서 다시 책을 집어 들었습니다. 한 장 두 장 책장을 넘기는 동안 지금껏 보이지 않던 것들이 보였습니다. '숨은 신'의 신비와 믿음에 대한 파스칼의 잠언들…… 구원을 향한 파스칼의 치열한 모색, 인간이라는 모순된 존재의 절망과 희망, 비참과 위대. 파스칼의 마음이 가슴 깊이 느껴졌습니다. 그리고 부끄러웠습니다. '아, 나는 그동안 《팡세》에서 내가 보고 싶은 것만 보았구나' 싶었고, 《팡세》라는 거울에 비친 감출 수 없는 저의 민낯을 보았기 때문입니다.

과학의 천재라는 이름에 가려진 파스칼의 다른 모습에도 새로이 눈을 뜨게 되었습니다. 파스칼이 세상을 떠나기까지 어려운 사람들을 위해 더욱 헌신하려 했다는 것, 더 살 수만 있다면 가난한 사람들을 위해 삶을 바치겠다는 말을 남긴 것을 알게 되었을 때 제 마음은 깊은 울림으로 가득 찼습니다. 《팡세》가 파스칼의 마음과 영혼이 담긴 책이라는 것을 더욱 실감했습니다.

우리는 때로 자신의 힘으로 어찌할 수 없는 일에 맞닥뜨리고, 자신의 의도와 어긋나는 현실 앞에서 무력감을 느끼기도 합니다. 그뿐만 아니라 세상의 악과 고통, 감당할 수 없는 일을 겪은 이웃의 슬픔과 아픔 앞에서 할 말을 잃고 맙니다. 말을 잃었다는 것은 합리적으로 설명할 수 없다는 뜻과 다르지 않을 듯합니다. 그럴 때 우리는 길을 찾고 싶어 합니다.

이 소설에서 저는 뜻밖의 사고로 친구를 잃은 두 주인공이 '숨은 신'을 찾아가는 길을 따라가 보았습니다. 그 길에서 한 치 앞도 보이지 않아 헤매고 있을 때, 손을 내밀고 곁을 내준 등장인물들이 나타났습니다. 참으로 놀랍고 신비한 경험이었습니다. 파스칼과도 다시 만났습니다. 파스칼이 저를 불러낸 것 같다고 하면 지나친 말일까요? 어쩌면 저도 모르게 파스칼을 다시 만나고 싶었는지도 모르겠습니다.

삶의 자리에서 경(敬)과 영성의 뜻을 늘 묻도록 인도하시는 은사 이정배 선생님(현장아카데미 원장)과 이은선 선생님(한국신(信)통합학문연구소 소장), 종교의 언어를 일상의 언어로 바꾸는 '통로' 역할을 일깨우며 기도해 주신 청파교회 김기석 목사님, 운명에 대한 오랜 연구를 나누어 주신 (사)동서고전연구원 이택용 이사장님, 고통과 죄의식에 대한 성찰을 들려주신 한신대학교 이익주 교수님, 탐을 소개해 집필을 독려하신 석하고전연구소 윤지산 소장님, 초고에 공감하고 힘을 북돋아 준 양선화 편집자님, 조언과 격려로 원고를 매듭짓도록 이끄신 김현경 편집자님, 소설이 머물 집을 만들어 주신 편집부 여러분께 깊이 감사드립니다. 기도해 주시는 가족과 지인들, 하늘·땅·생각, 감신 동문, 해천우회, 온지

서원, 죽전·의정부의 문우님들과 제자들의 마음을 늘 간직하며 고마움을 전합니다.

이 소설이

10대의 소중한 날들

의미 있는 물음을 안고

걸어가는 길벗들에게

작지만 따뜻한 손길이 된다면

좋겠습니다.

2020년 7월 둔촌 누옥에서

임종수

지금부터 나는 내 친구 선우와 함께 신을 찾은 이야기를 써 나가려고 한다. 아니 신을 찾아간 이야기를 써 보겠다는 게 더 맞겠다. 중학생이 무슨 신을 찾아간 이야기를 쓰냐고 물을지 모르지만, 그게 사실이니 조금도 군말을 붙이고 싶지 않다.

내 친구 중 하나는 얼핏 얘기를 비쳤더니 내가 무슨 귀신이나 좀비 이야기를 쓰는 줄 알았나 보다. 그러나 나는 귀신이나 좀비 이야기에는 별 관심이 없다. 내가 딱히 합리적이거나 논리적인 성향이 강해서가 아니다. 그냥 별로 흥미를 못 느낀다는 말이다. 아마 내가 공포 영화를 별로 무서워하지 않기 때문일 것 같다. 공포 영화라 생각하고 영화를 보면 공포도 만들어진 거란 선입관이 들기 때문일까. 가끔 스트레스 해소를 위해 유튜브로 좀비 영화를 볼 뿐이다. 그것도 다 보는 건 아니고.

딴소리가 길어졌다. 그럼 내가 왜 선우라는 친구와 신을 찾아 나섰는지 서둘러 말하겠다. 우리는 2년 전 봄날에 가장 친했던 친구 원이를 잃었다. 교통사고로 친구가 세상을 떠난 것이다. 나는 원이가 떠나기 전까지 교통사고나 죽음이라는 낱말은 남의 것인 줄 알았다. 내가 겪어 본 적이 없는 일은 단어로 남을 뿐 실감하기 어려웠다.

그런데 원이의 죽음에는 나와 선우의 책임도 있었다. 이상하게 들릴지 모르겠지만 우리가 아니었다면, 원이는 지금도 우리와 함께 있을지 모른다. 그 때문에 우리는 오랫동안 마음이 아팠고 힘들었다. 하지만 이제 우리가 짊어져 온 마음의 짐이 조금은 가벼워졌다. 물론 완전히 가벼워졌다고는 볼 수 없다. 그 짐을 더는 데는 주위 사람들과 어느 수호천사의 도움이 컸다.

그날은 5월 5일 어린이날. 그런 일이 일어나서는 안 되는 너무도 맑은 날이었다. 나는 원이를 불러냈다.

'원이야, 놀자. 나와라.'

문자를 받은 원이에게서 바로 답신이 왔다.

'령아, 미안. 나 감기 몸살인가 봐. 좀 힘들 거 같아.'

'그래? 많이 안 좋아?'

'아니, 그냥……. 컨디션이 별로야.'

나는 원이에게 그래도 나오라고 말하려다 그만두었다.

'알았다. 쉬어.'

'어, 고마워. 미안.'

문자를 받고서 나는 선우에게 연락했다. 10시가 좀 지났던 때인 것 같다. 선우는 나올 수 있다고 했다.

'선우야, 그럼 원이한테 한번 연락해 볼래?'

'왜? 몸이 아프다고 했잖아.'

'그래도 그사이 좀 나아졌으면 나오라고.'

'연락해 볼게.'

화장실에 다녀오고 옷을 갈아입는데 선우가 보낸 문자가 와 있었다.

'원이가 나오겠대.'

'와, 그래?'

'몸이 썩 좋진 않아서 조금만 놀다 들어가겠다고 했어.'

'잘됐다. 그럼 우리 늘 가던 피시방 앞에서 12시에 보자.'

'그래, 원이한테도 연락할게.'

핸드폰 충전을 확인한 후 12시 전에 집을 나섰다. 학교로 가는 길을 지나 피시방 건물 앞에 도착했다. 선우에게 문자를 보냈다.

'어디까지 왔니?'

답신이 없다.

'근처 오는 길이면 연락 줘.'

하늘이 맑았다. 눈이 부실 정도였다. 5분이 지났을까. 선우에게서는 여전히 답신이 없었다. 늘 빠르게 답신하던 선우다. 직접 통화

해야겠다. 뚜뚜뚜. 반복되는 신호음. 이상하다. 다시 문자를 보냈다.

'선우야, 무슨 일 있냐?'

선우가 문자에 답신하지 않고 전화를 걸어왔다.

"어, 령아…… 원이가……."

"야, 무슨 일이야?"

울음소리에 묻혀 선우의 말이 잘 들리지 않았다.

"뭐라고? 원이가 사고를 당했다고? 지금 어디야?"

"학교 앞 횡단보도……."

하늘이 캄캄해 보였다. 무슨 일이 생긴 거야. 아니야, 그럴 리가 없어. 학교 정문 쪽으로 달려갔다. 횡단보도 앞에 도착하니 경찰들이 서 있었다. 선우가 울고 있었다. 이미 구급차가 와서 원이를 실어 갔다고 했다.

1

왜 착한 사람이 고통을 받아야 할까?

원이가 세상을 떠난 뒤로 나는 마음을 잡지 못했다. 학교에 다녀오면 바로 가던 학원도 가지 않았다. 끼니도 거른 채 집 안에 틀어박혀 지내는 날이 많았다. 열심히 다니던 교회에도 나가지 않았다. 원이가 금방이라도 전화를 걸어올 것 같았다. 원이의 핸드폰 번호를 지우지도 못했다. 환영에 시달리기도 했다. 순간순간 지우고 싶다는 마음이 차올랐지만, 내 안의 다른 음성도 들렸다.

'그래, 넌 친구가 떠났다고 전화번호도 지우고, 그렇게 기억에서 지우고 싶니?'

기억에서 지워야 하는데, 지워지지 않는 건 사고가 났던 날 원이의 마지막 목소리였다. 하느님이 원망스러웠다. 하느님은 그날 무얼 하신 거야! 왜 나한테 이런 일이 일어난 거야! 내가 얼마나 교회를 열심히 다녔는데, 내가 뭘 잘못했다고. 나는 몸이 좋지 않아 못 나온다는 원이를 억지로 불러냈다는 자책감에도 시달렸다. 믿던 하느님을 계속 원망했다. 아니, 믿고 싶었던 하느님이었을지 모른다. 하느님이 계신다면 왜 나한테 이런 일이 일어난 거야!

"령아, 밥 먹어야지?"

엄마가 방문을 살짝 열고 내 안색을 살폈다.

"령아, 네 잘못이 아니야. 그날 운전자가 신호등을 못 본 거라고 하잖아."

"엄마, 그만해요."

"그래…… 알았어."

나는 그러지 말아야지 하면서도 엄마에게 퉁명스레 대꾸했다.

나는 장례식장에서 아무 말도 하지 못했다. 학교 친구들과 선생님들이 문상을 다녀갔다. 원이 부모님 얼굴을 똑바로 볼 수 없었다. 죄송했다. 죽고 싶은 심정이었다. 밝게 웃는 원이의 영정을 보니 눈물만 나왔다. 하느님은 정말 계신 걸까. 왜 내게 이런 일이 일어난 걸까. 왜 착한 내 친구가 세상을 떠난 거지. 이런 물음만 맴돌았다. 평소에도 자주 장래 꿈을 이야기하던 원이의 환한 얼굴이 떠올랐다.

장례식을 마치고 집에 돌아온 날 밤이었다. 꿈에 원이가 나타났다. 햇무리에 싸인 원이가 환하게 웃고 있었다. 살아 있을 때와 똑같은 모습이었다. 원이가 밝은 목소리로 말했다.

"령아, 난 괜찮아. 잘 지내고 있어."

"아, 원이야!"

"여기는 평온하고 밝은 곳이야."

"아, 다행이야."

"천국이 이런 곳일까? 교회는 다니지 않아서 모르겠지만, 여기는 평안한 곳이야."

"정말?"

"어, 뭐라고 말할 순 없지만…… 마음이 편한 곳이야. 너 교회 다닌다고 했지?"

"응, 그래."

"천국이 이런 곳인가 싶다."

"아, 그렇구나……. 그리고 원이야 미안해."

"뭐가?"

"너 아픈데 내가 억지로 나오라고 해서…… 네가…….”

"아니야, 령아. 그런 말 하지 마. 사고였잖아. 나는 괜찮아."

꿈에 나타난 원이는 괜찮다는 말을 되풀이했다. 원이의 얼굴을 꿈에서나마 보고 나니 조금은 힘이 났다. 하지만 깨고 나면 다시금 미안함과 죄책감이 밀려들었다.

이제 원이가 떠난 지 석 달이 지났다. 석 달 동안 무슨 일을 했는지 기억 속에서 지워진 듯했다. 교회도 나가지 않았다. 하느님을 원망했다. 하느님만 아니라 왜 교회에 나오지 않느냐며 연락하고 문자 보내는 이들도 싫어졌다. 하느님이 계시다면 왜 이런 일이 나한테 일어난 거야. 그리고 왜 착한 친구가 그렇게 먼저 떠나야 했던 거지. 나는 매일 반복되는 물음에 조금씩 지쳐 갔다. 학교에서도 수업 중에 멍하니 창밖을 바라보기 일쑤였다. 담임 선생님이 마침내 나를 교무실로 불러냈다.

"령아, 요즘 무슨 생각을 그렇게 하니?"

"……."

담임 선생님은 내가 원이의 사고 이후로 말수도 적어지고 의욕을 잃어 가는 걸 걱정하시는 듯했다.

"령아, 선생님도 원이 생각 많이 난다."

"……."

"원이는 령이랑 가장 친했잖아."

담임 선생님도 더 말을 잇지 못했다. 기운 내라며 내 어깨를 다독거릴 뿐이었다.

"령아, 그래도 힘을 내야지. 네가 계속 이러면 원이도 그곳에서 마음 아파 할 거야."

담임 선생님만 아니라 다른 선생님들도 나를 안쓰러운 듯 바라보았다. 그런 시선이 부담스러워 나는 목례만 간단히 하고 교무실을 나왔다.

학교 수업을 마치고 영어 학원으로 가려는데 핸드폰에 목사님의 문자가 와 있었다.

'령아, 어떻게 지내니? 한참 얼굴을 못 본 것 같구나. 많이 힘들 줄 안다. 교회 나오면 꼭 보기로 하자.'

그 문자를 본 나는 목사님이 뵙고 싶어졌다. 목사님 같지 않은 목사님이라 존경해 온 분이다. 목사님 같지 않은 목사님이라 하니까 앞뒤가 좀 안 맞는 것 같지만, 대화할 때 설교조로 말하지 않아서다. 목사님은 어느 경우에도 목사님인 것처럼 하지 않아서 좋았다. 그래서 또래 교회 아이들도 목사님을 따랐다. 목사님을 만나 이야기하다 보면 어느새 마음은 무장 해제 되곤 했다. 그저 편하고 마음이 놓였다. 딱히 해결책을 주시는 건 아니었지만, 오히려 그래서 더욱 목사님을 좋아하는 건지도 몰랐다.

그래, 목사님이라면 어떤 답변을 주실 수 있을 거야. 이런 생각을 하니 조금은 마음이 편안해지고, 한동안 만나지 않고 지낸 선우가 생각났다. 그간 선우가 보낸 문자가 핸드폰에 여러 통 남아 있었다. 답신하지 않은 게 마음에 걸렸다. 선우에게 미안했다. 늦었지만 미안한 마음을 담아 문자를 보냈다.

'선우야 미안. 한참 연락도 못 했다.'

문자를 보내자마자 선우의 답신이 도착했다.

'아니야. 한번 보자. 토요일 오후, 늘 가던 맥도날드 어때?'

'좋아.'

선우와 만나기로 약속한 토요일 아침. 그러고 보니 원이가 세상을 떠난 지 꼭 100일째 되는 날이었다. 한 자 한 자 새긴 듯한 선우의 긴 문자를 다시 읽어 내려갔다.

'령아, 나 원이가 떠나고 나서 너무 힘들었어. 왜 착한 원이가 그렇게 갑자기 떠나가야 했는지 알고 싶었어. 그리고 자책감이 심해졌어. 늘 맛있는 빵을 만들어 사람들과 나누는 게 꿈이라던 친구였잖아. 그렇게 착한 원이가 왜 먼저 가 버린 건지⋯⋯. 무슨 이유가 있는 걸까. 답이 나와야 답답한 속이 풀릴 것 같다. 아니, 그냥 단순한 사고일 뿐일까. 죽음에 무슨 이유가 있을까. 어른들이 그러더라. 다 제 명이라고. 어쩔 수 없는 거 아니냐고. 죽은 아이가 살아 돌아오냐고. 그래, 그럴지도 몰라. 하지만 그러면 너무 불공평하지 않아? 다른 사람을 괴롭히고 학대하는 사람들도 버젓이 잘 살고 있는데 말이야. 나는 신을 믿지 않지만 신이 있다면 묻고 싶다. 왜 착한 사람이 고통을 당해야 하냐고 말이야.'

토요일이라서 그런지 맥도날드 매장에는 빈자리가 보이지 않을 만큼 사람들이 많았다. 다행히 선우가 나보다 먼저 도착해 창가 쪽에 앉아 있었다. 선우가 손짓하며 나를 불렀다.

"령아!"

"어, 선우야."

모처럼 친구의 목소리를 들으니 반가웠다. 서로가 무거운 마음으로 적지 않은 시간을 보냈기 때문일까. 하고 싶은 말이 많았지만 막상 무슨 말부터 해야 할지 떠오르지 않았다. 한참 만에 내가 먼저 말문을 열었다.

"그동안…… 연락 못 해 정말 미안하다."

선우는 웃으며 대답했다.

"나도 마찬가지지 뭐."

"선우야, 나 꿈에서 원이를 자주 만났다."

"정말?"

"응, 처음은 원이 장례식이 끝난 날 밤이었어. 꿈이었지만 밝은 얼굴을 보니 좋더라."

"괜히 나도 기분이 좋아지는데. 나도 꿈에서 본 적이 있어."

선우는 원이가 떠난 후 자신이 어떻게 지냈는지 들려주었다. 밤 잠을 이루지 못한 날이 많았다고 했다. 나는 선우에게 말할까 말까 고민하다 결심했다.

"선우야……."

"어, 왜?"

"우리 신을 찾아 나서 볼까?"

선우는 내 말에 깜짝 놀란 표정을 지었다.

"좀 생뚱맞지?"

"아니……."

"알고 싶었어. 원이처럼 착한 애가 왜 그렇게 빨리 세상을 떠나야 했는지."

"그래, 사실은 나도 마찬가지야."

"하느님을 원망했어."

"그래도 넌 교회에 다녔잖아. 하느님을 믿지 않니?"

"믿었지. 그런데, 어떤 배신감 같은 걸 느꼈어."

"배신감?"

"믿은 사람한테 당한 기분이라고나 할까. 적절한 표현인지는 모르겠지만…… 지금은 그런 심정이야."

"그래…… 나도 이해해."

선우는 평소 무신론자를 자처했다. 과학을 좋아해서일까. 무엇이든 따져 묻길 좋아했다. 딱 떨어지는 답이 나오지 않는 걸 싫어했다. 자기 머리로 이해되지 않는 내용은 끝까지 알아내야 직성이 풀린다. 어디서 들었는지 이런 말도 했다.

"인간은 신을 알 수 없어. 과학적 인식으로 충분해. 시간과 공간, 인과율을 인간은 벗어날 수 없어. 시공을 넘어선 존재, 원인과 결과라는 이 세상 질서를 초월한 존재는 없다고 생각해. 굳이 신을 알려고 할 필요가 있을까? 알 수 없는 걸 왜 알려고 들지? 난 그래서 칸트를 좋아해."

아마 철학과에 다니는 자기 언니한테서 이런 좀 어려운 철학 얘기를 들었던 모양이다. 나는 내심 그런 선우를 부러워한 적도 있다. 내 허약한 믿음과 비교해 선우는 신을 믿지 않아도 살아가는 데 별 불편이나 어려움이 없어 보였다. 과학적인 사고만으로 살아가도 되는데 애써 믿음까지 가질 필요가 있냐는 말에 고개를 끄덕이기도 했다. 교회에 가자고 권하면 다윈의 《종의 기원》을 읽어 보라던 친구다. 물론 선우가 《종의 기원》을 다 읽지 않았다는 걸 알지만…… 그런 선우였다. 하지만 그랬던 선우도 원이가 떠난 후 조금 변한 듯했다.

"사실은…… 나도 신을 믿진 않지만, 왜 착한 원이가 그렇게 떠났을까 알고 싶었어. 원이가 가고 나서 비슷한 일이 있었거든. 불치병으로 고통받다가 병원에서 떠난 아이가 있었어. 희귀병을 앓다 간 그 아이를 보며 더 궁금해졌지. 왜 착한 사람들이 고통받는지……."

선우가 보낸 긴 문자를 보고 짐작은 했지만 나는 선우가 그렇게까지 생각할 줄은 몰랐다. 선우가 다르게 보였다.

"선우야, 그럼 교회에 가 볼래?"

선우의 눈이 커졌다.

"교회?"

"그래, 교회."

"너 이제 교회 다니지 않는 거 아니었어?"

"아니, 내가 좋아하는 목사님이 있어."

"아, 네가 언젠가 목사님 같지 않은 목사님이라고 말했던 그분?"

"그래, 목사님이라면 우리 물음에 뭔가 답을 주실 수 있을 거야."

"실은 나도 그동안 아빠가 자주 다니던 절에도 가서 스님들을 만나 보고, 유교 공부를 오래 하신 친척 어른도 찾아가 봤어. 내가 답답해하니까 아빠가 보다 못해 날 데리고 간 거야."

"그분들한테 무슨 답변을 들었니?"

"아니, 그래도 내 얘기를 아주 진지하게 들어 주셨어. 그런데 그 스님들은 신을 왜 꼭 이야기해야 하냐고 묻더라. 그래서 찾아온 이유를 말씀드렸더니 교회 목사님을 찾아가 보는 게 좋겠다고 하셨어."

"아, 그랬구나. 그럼 친척 어른이란 분은 뭐라 하셨어?"

"그분은 예순을 조금 넘으셨는데 향교에서 유교 경전 교육도 담당하시더라. 예의범절도 가르치고. 처음엔 고리타분한 분인 줄 알았는데, 다행히 자상하게 대답해 주셨어. 유교에서는 고통과 죽음의 이유보다는 그것을 받아들일 수밖에 없는 명을 중시한다고 하셨어. 어찌할 수 없는 사태는 받아들이라는 거야. 다만 평소에 자신을 잘 수양하는 것이 중요하다는 말씀을 하시고, 사람의 할 일을 다하고 명을 기다린다는, 우리가 잘 아는 진인사대천명(盡人事待天命)이란 말을 해주셨어. 또 뭐라고 하시더라, 낙천지명(樂天知命)인가? 천도를 즐기고 명을 알면 된다고. 유교는 내세를 생각지 않는다는 것도 말씀해 주시고. 하지만 선을 쌓은 집안에는 반드시 후에 좋은 일이 있을 거라고

025

1
왜 착한 사람이
고통을
받아야 할까?

는 하셨고."

"아, 그렇구나. 그럼 유교는 착한 사람이 왜 고통받거나 죽어야
하느냐는 물음에 분명한 답은 주지 못하는 거구나."

2

—

고통과 함께
살아가는 법

"어, 령이구나. 어서 와. 여기 앉아요."

"목사님, 안녕하셨어요? 이쪽은 제 친구 선우예요."

"아, 선우, 령이한테서 얘기 많이 들었어요."

토요일 오후 사목실은 햇볕이 가득했다. 반갑게 맞아 주시는 목사님에게 선우도 낯설어하지 않고 인사를 드렸다. 목사님이 "편히 앉아요" 하며 긴 책상을 마주한 자리를 권하셨다. 목사님은 나이 어린 사람에게도 낮춤말만 쓰지 않으셨다. 꼭 경어를 섞어 쓰셨다. 처음엔 어색했는데 자주 들으니 좋았다. 언제더라? 말을 낮추면 상대와 금방 친해지는 것 같지만 오히려 함부로 대하기 쉬워지고 존중하지 않게 된다고 한 말씀이 생각났다. 선우는 목사님에게 인사를 드린 뒤에 서재를 둘러보았다. 나무들로 빼곡히 채워진 숲처럼 목사님의 서재는 책들로 가득 차 있었다.

"목사님! 전보다 책이 더 많아진 것 같아요."

불어난 책들을 보자 웃음이 나왔다.

"하하, 그런가? 고민이 느는 만큼 책도 늘어나는 것 같네. 쑥스러워요."

그런데 목사님은 여기 있는 책들을 다 읽으셨을까? 선우는 휘둥그레진 눈으로 책장들을 둘러보았다. 목사님은 책장을 훑어보는 선우를 보며 미소를 지으셨다.

"여기 읽는 책들을 다 읽은 건 아니에요."

비슷한 질문을 워낙 자주 들어 오셨기 때문일까. 서재를 둘러보는 선우에게 목사님이 먼저 편하게 말씀을 건네셨다. 목사님은 책을 누구보다 많이 읽으셨지만 책을 읽어야 한다며 강권하는 분은 아니다. 책 읽은 걸 과시하지도 않으신다. 나는 그런 목사님이 좋았다(어른들은 본인들이 좋아하면 우리도 좋아하는 줄 안다. 우리에게 읽으라 하는 책들을 정작 당신들은 얼마나 읽으셨을까 묻고 싶어진다). 목사님은 성도들과도 함께 다양한 주제로 책을 읽어 오고 계셨다.

나는 목사님을 뵙기 전에 미리 짧은 문자를 드렸다. 그래선지 목사님은 먼저 말씀을 꺼내지 않고 간단히 근황만 물으셨다. 목사님은 원이가 떠난 후 내가 교회에 나오지 않게 된 것을 알고 계셨다. 목사님은 마실 것과 과자를 내어 주셨다.

"목사님, 저희가 찾아온 건 다름이 아니라…… 목사님이라면 저희 마음을 이해해 주실 거라 생각해서예요."

나는 목사님을 찾아온 이유를 말씀드렸다. 목사님은 고개를 끄덕이셨다. 짐작하신 듯했다. 이야기를 듣는 동안 커피 잔을 천천히 내려놓으며 잠시 눈을 감으셨다. 안경 너머로 비치는 목사님 눈가에 눈물이 고였다. 목사님은 오른손을 들어 조용히 눈물을 닦으셨다. 목사님이 눈물을 흘리는 모습을 보는 건 처음이었다. 목사님은 자신의 말을 앞세우기보다 늘 다른 사람의 말에 귀 기울이는 분이었다. 당신의 속마음은 좀처럼 내비치지 않으셨다. 그런 목사님이 눈물을 흘리시다니……. 목사님은 책장으로 다가가 책 한 권을 꺼내더니 탁자 위에 놓으셨다. 책의 제목은 '팡세'.

팡세? 제목은 들어 봤다. 과학의 천재 파스칼이 썼다는 것 정도는 알고 있었다. 목사님이 여러 번 읽은 듯 손때가 묻어 있었다. 나 혼자만의 생각일까. 책을 바라보는 목사님 눈빛에 애정이 듬뿍했다. 책장을 넘기던 목사님이 말씀을 꺼내셨다.

"지금 이야기를 듣고 나니 나도 마음이 많이 아파요. 아니, 내가 겪은 일처럼 느껴지고. 친한 친구를 잃은 두 사람 마음이 어떨지 내가 다 헤아릴 수는 없지만…… 나도 힘든 일을 겪었어요."

목사님은 《팡세》의 겉표지를 물끄러미 바라보다 창문 쪽으로 눈길을 돌리셨다. 안경 너머로 비치는 목사님의 눈에 눈물이 고이고 있었다. 나와 선우는 목사님이 말씀하실 때까지 기다려야지 하며 서로 눈길을 주고받았다. 목사님이 이 책을 꺼내신 이유도 묻지 않았다. 왠지 모르지만 지금은 질문할 때가 아닌 듯했다. 모르겠다. 그냥 오후의 조용한 서재의 분위기가 그렇게 만든 것인지도.

"이런 말을 해야 하는지는 잘 모르겠어요. 령이와 선우가 어떻게 들을까 싶기도 하고……."

우리는 목사님이 무슨 말씀을 하시려는 걸까 귀를 세웠다.

"실은…… 내 아이가 두 해 전에 세상을 떠났어요."

아, 한 번도 들어 본 적 없는 이야기였다. 목사님에게는 원래 아이가 없는 줄 알았다. 새로 부임해 오신 젊은 목사님인 줄로만 알았지, 그런 일을 겪으신 줄은 전혀 생각하지 못했다. 목사님을 바라보던 나는 고개를 떨궜다. 선우도 입을 굳게 다물었다.

"불치병이었어요. 여러 번 수술을 했는데도 낫지 않았고. 겨우 다섯 살밖에 안 된 아이였거든. 얼마나 울었는지……. 하느님을 원망했었죠. 아니, 저주했다고 해야 맞겠지. 남들 앞에선 목사라는 이름을 달고 행세하면서도 정작 내 아이가 죽게 되니 하느님이 정말 살아 계신 걸까 묻지 않을 수 없었어요. 늘 사람들에게는 하느님의 사랑을 말하고 고통 중에도 은총이 있다고 설교했던 내가 가증스럽게 여겨졌고……."

목사님의 말씀을 듣고서 나는 좀 충격을 받았다. 전혀 들어 본 적이 없는 이야기였다. 목사님은 늘 밝은 얼굴로 사람들을 대하시고, 고통 없이 살아가는 분처럼 느껴졌기 때문이다. 아, 목사님도 그런 큰 아픔을 겪으셨구나. 내가 알 수 없는 일을 겪으셨구나. 선우도 눈물을 훔치고 있었다. 나는 목사님에게 묻고 싶었다. 어떻게 해서 극복하실 수 있었는지. 목사님에게 해답을 얻고 싶었다.

하지만 자식을 잃은 분에게 그런 질문을 바로 드리는 건 무례한 행동인 것 같았다. 조금이라도 목사님을 생각하는 말씀을 드리고 싶었지만, 우리처럼 어린 학생들이 위로의 말을 건넨다는 게 주제넘은 일인 것만 같았다. 나는 아무 말도 할 수 없었다. 그저 목사님의 다음 말씀을 기다릴 뿐이었다.

"한번은 이런 일도 있었어요. 어떤 사람이 전화를 걸어와 내 기도가 부족해서 자식을 잃은 것 아니냐고 날 비난했지요. 심지어는 우리 집안에 내가 모르는, 조상의 죄가 있는 거 아니냐며, 그 죄를 씻어내야 한다는 어처구니없는 말까지 들어야 했고."

아, 어떻게 자식을 잃은 분에게 그런 말을 할 수 있을까. 나는 화가 났다.

"그러던 어느 날, 답답한 마음에 교회 도서관에서 책들을 살펴보는데 우연히 책 한 권이 눈에 들어왔어요. 자식을 잃은 한 작가의 일기였죠. 처음에는 나와 비슷한 아픔을 겪은 분이 쓴 책이라 도리어 책장을 넘기지 못했죠. 떠난 아이 생각이 자꾸 나니까. 그런데 한 장 두 장 넘기다 보니 어느새 책을 다 읽게 되었어요."

목사님 목소리가 한결 밝아졌다. 그런데 목사님은 그 작가의 책에서 어떤 위로를 얻으신 걸까?

"작가는 엄마로서 자식 잃은 고통을 이겨 낼 수는 없었지만 고통과 함께 살아가는 법을 배웠다고 했어요. 그 말이 마음에 깊이 다가왔죠. 고통과 함께 살아간다는 건 고통을 외면하거나 숨긴 채 살아가는 게 아니라는 것, 그리고 인간의 힘으로 어찌할 수 없는 일에 대해서는 받아들이고 인정해야 한다는 것을……. 물론 그러기까지는 오랜 시간이 걸렸어요."

물 끓는 소리가 들렸다. 커피를 다 드신 목사님은 다시 차를 따르셨다. 평소 조금 높은 음성으로 분위기를 띄우며 말씀하시는 분이라 나직한 목소리가 낯설게 다가왔다.

"처음에는 내게 왜 이런 일이 일어난 걸까, 묻고 또 묻지 않을 수 없었어요. 문득 고통과 악의 문제를 다룬 구약의 《욥기》를 다시 읽고 싶어졌죠. 그 전까지 《욥기》는 악(惡)의 문제를 다루는 신정론(神正論)이란 신학 주제를 설교 주제로 삼을 때 읽어 보았을 뿐, 정작 마음에는 잘 다가오지 않았어요. 하느님에게 저항하던 욥이 마침내 하느님에게 무릎 꿇는 모습을 받아들일 수 없었기 때문일까. 물론 욥은 내가 감당할 수 없는 더 비참한 일을 겪은 인물이지만……."

욥이 누굴까? 기억을 더듬어 보았다. 그렇다. 욥을 내가 아주 모르진 않는다. 초등학교 6학년 때였다. 성탄절을 앞둔 겨울 저녁, 나는 엄마를 따라 낯선 교회 건물로 들어섰다. 예배 시간보다 일찍 도착했는데도 빈자리가 거의 보이지 않았다. 다행히 창가 쪽에 자리가 하나 남아 있었다. 엄마가 내 손을 잡고 거의 뛰다시피 그쪽으로 갔다. 예배당 안의 열기는 대단했다. 욥은 그때 교회의 대부흥회 설교자로 나온 목사님이 말씀의 주제로 삼은 주인공이었다.

사흘 내내 부흥회를 이끈 목사님의 띄엄띄엄 흩어졌던 말씀을 맞추어 보면 욥은 막대한 재산과 자식들을 어느 날 갑자기 한꺼번에 잃어버린 비극의 주인공. 그런데 나중에 하느님으로부터 더 많은 축복을 받았다는 인물이다. 거기까지가 욥에 대해 내가 가진 지식의 전부다. 아, 하나 더. 목사님은 무조건 하느님을 믿기만 하면 복을 받으니, 힘들더라도 지금 상황을 견디면 복을 내려 주실 거라고 했다.

"성도 여러분, 믿습니까?"

"아멘."

"할렐루야."

"할렐루야."

나도 분위기에 휩싸여 덩달아 아멘과 할렐루야를 외쳤다.

욥에 대한 나의 지식은 거기서 머물러 있었다. 그 후 욥에 대한 설교를 들을 때마다 의문이 고개를 들긴 했다. 전지전능한 하느님이 왜 모든 걸 주었다 뺏었다 하지? 꼭 이미 계획을 짜 놓은 채 사람을 시험하는 것만 같았다. 하지만 더 이상 의문을 풀지는 못했다. 욥은 그저 내게 믿음이 깊은 위대한 신앙인일 뿐이었다.

그런데 오늘 목사님이 욥을 이야기하시니 내가 품고 있던 의문이 새롭게 되살아났다. 욥을 통해 하느님이 전능하다는 것을 보여 주시는 걸까. 하느님의 전능하심을 보이려고 자식들을 죽이는 건 너무 잔인하지 않은가. 자식들은 욥의 믿음을 보여 주기 위한 들러리일 뿐일까? 그들이 당한 고통은 뭐지? 짧은 순간, 기억과 물음이 꼬리를 물고 일어났다. 머리가 어지러워진 나는 다시 목사님을 바라보았다.

"미안, 오늘 내가 말이 길어지네. 처음 만난 선우에게 너무 무거운 이야기만 늘어놓고."

선우는 괜찮다는 표시로 웃음을 지어 보였다. 선우는 뭐든 따져 묻는 친구다. 한데 오늘은 목사님이 어떤 말씀을 더 이어 갈까 듣고 싶어 하는 듯했다. 목사님은 기독교 신자가 아닌 선우를 의식하셨는지 하느님을 신이라 부르고, 경어를 사용하셨다. 목사님의 배려가 느껴졌다.

"《욥기》는 읽을수록 힘들었어요. 거기에 나오는 신은 숨어 있지 않고 나타나서 말을 해요. 그런데 그냥 말을 하는 게 아니라…… 욥이란 인물을 추궁하고 잘못을 시인하게 해서 끝내 회개하도록 몰아가죠. 나는 그런 신의 말씀과 모습이 견디기 힘들었어요. 그리고 신 앞에서 결국 무릎 꿇고 회개하는 욥의 모습에 감동하기보다는 답답함을 느꼈고. 사탄에게 욥을 시험해 보라고 하는 신의 의도도 받아들이기 어려웠지요. 물론 신이 욥의 신앙을 믿었기 때문이긴 하지만……. 욥은 동방의 의인이다, 라고 했으니까.《욥기》를 다시 읽는 내내 나는 내가 지금까지 아무런 고민과 물음 없이 신학을 공부하고 목사가 되었구나 싶었고 한없이 부끄러웠어요."

서재 안을 채우고 있던 따스한 햇볕이 어느새 물러가고 있었다. 점심을 조금밖에 못 먹어선지 배에서 꼬르륵 소리가 났다. 목사님 말씀을 정말 더 듣고 싶었지만, 배에서 나는 소리에 민망하고 죄송했다. 목사님도 안색이 피로해 보였다. 나는 선우에게 눈짓으로 신호를 보냈다.

"목사님, 저……."

"아, 그래요. 이제 가 봐야 되지?"

인사를 드리고 나오려는데 목사님이 탁자 위에 놓인 파스칼의《팡세》를 건네주셨다. 나는 감사하다는 말씀도 못 드리고 얼떨결에 책을 받았다. 목사님은 우리를 배웅하며 이렇게 말씀하셨다.

"아무 말 없이 곁에서 위로해 준 사람들이 있었어요. 그분들 덕분에 견딜 수 있었지요. 령과 선우 모두 힘내요."

"목사님, 오늘 시간 내주셔서 너무 감사드려요."

"그래요. 모처럼 찾아왔는데 더 이야기를 못 나누어 미안하고, 선우도 나중에 또 볼 수 있길 바라요."

배만 덜 고팠으면 목사님의 이야기를 더 들을 수 있었을 텐데 죄송했다. 한편으로는 좀 아쉽기도 했다. 신을 찾는다는 이야기를 내비

쳤는데 별다른 대답을 해 주지 않으셨기 때문이다. 하지만 목사님이 꺼내기 힘든 이야기를 솔직하게 들려주셔서 감사했다. 오늘 뵙지 못했으면 목사님이 겪으신 일을 영영 듣지 못했을 것 같았다.

그런데 목사님은 왜 내게 아무런 말씀 없이 파스칼의 《팡세》를 건네주신 걸까. 유클리드 기하학 공식을 10대에 풀어낸, 조숙한 과학과 수학의 천재. '인간은 생각하는 갈대'라는 유명한 말을 남긴 사상가. 이 정도가 파스칼에 대해 내가 가진 지식의 전부였다. 선우는 자기 집에도 《팡세》가 있다고 했다. 아, 선우의 언니가 철학과에 다니지. 그래서 갖고 있나 보구나.

3

신을 찾아
나서다

선우는 어땠는지 모르지만 나는 목사님을 만나고 가슴이 왠지 더 허전하고 답답해졌다. 그래, 선우한테 연락을 해 볼까? 목사님을 뵙고 나오면서 각자 다니는 학원으로 향한 우리는 별다른 얘기도 못 나눈 채 헤어졌다. 선우는 우리 또래보다 분명 과학적인 사고를 하는 친구다. 언젠가 내게 청소년을 위한 서양 철학사 유의 책에서 칸트에 대한 장을 읽고 칸트를 좋아하게 되었다고 한 적이 있다. 신은 알 수가 없다, 우리 인간은 오성(悟性)을 통해 과학까지만 할 수 있다는 칸트의 말에 감동을 받았다고 했다. 이성도 아닌 오성이라……

"오성이 뭐니?"

"응, 과학적 인식이라고 할 수 있어. 대상을 사고할 수 있도록 만드는, 분별하고 사유하는 능력이라고 보면 돼."

아, 그렇구나. 여하튼 칸트란 철학자의 이론에 감동을 받았다는 말을 하는 선우가 새삼 새롭게 보이고 부러웠다. 철학과에 다니는 연우 누나의 영향인가 싶기도 했다. 처음엔 내게 없는 걸 많이 갖고 있는 친구라 그러면 안 되는데 하면서도 시기했었다. 하지만 난 원래 내가 못하는 건 쉽게 포기하거나 체념하는 편이다. 좋게 말해 인정할 건 주저 없이 인정하는 스타일이다. 사실 선우가 모든 면에서 나보다 똑똑하다고 느끼까. 그런데도 정작 선우는 자신이 남보다 아는 게 많고 똑똑하다는 사실을 잘 모르는 것 같다. 그게 선우의 매력이다.

기말시험이 다가왔지만 교과서가 좀처럼 손에 잡히지 않았다. 이럴 땐 늘 다른 게 눈에 들어온다. 딴생각들이 꼬리를 물고 이어진다. 안 하던 방 청소도 했다. 그러다 문득 목사님이 주신 《팡세》란 책에 눈이 갔다. 무슨 내용일까. 한동안 책장에 모셔만 두었지 펼쳐 보지는 않았다. 조금은 궁금증이 생기기도 했다. 아니, 시험공부가 하기 싫어서 괜히 한눈을 판 거라고 해야 맞겠다. 그날 그렇게 진지한 표정으로 말씀을 들었으면서도 목사님과 헤어지고 난 후 일주일이나 책을 책장에 꽂아 두고만 있었다니. 늘 뭔가 새로운 것을 시작할 때면 바로 진입하지 못하는 나. 딴짓하며 맴도는 오랜 습관. 고쳐야하는데 잘 고쳐지지 않는다.

다시 생각해 보았다. 목사님이 왜 나한테 저런 어려운 책을 주신 거지? 파스칼은 17세기 프랑스 사람이라고 하잖아. 그럼 무려 300년이상 앞선 사람이잖아. 나는 친구의 갑작스러운 죽음을 겪고서 왜 착한 사람이 고통을 당해야 하는지 절박한 물음을 안고 목사님을 찾아간 건데…… 목사님께 답변을 듣고 싶었는데…… 저렇게 책만 주시면 어떻게 하라고. 갑자기 목사님이 좀 원망스러웠다. 아니다. 핑계를 목사님에게 돌리다니. 나도 양심이 있지. 시험이 다가오니 이래저래 머리가 더 복잡해진 탓일 것이다.

그런데 이상한 건, 책장에 《팡세》가 꽂힌 뒤로 방 안 분위기가 달라졌다는 것이다. 아직 열어 보지 않은 책이기 때문일까. 목사님이 주신 《팡세》라는 낯선 이름의 책이 내게는 미지로 가는 문의 빗장처럼 여겨지기 시작했다. 빗장을 열기까지 주위를 어슬렁거리는 나지만 책 표지에 그려진 파스칼의 초상화는 유심히 보아 두고 있었다. 방 안을 왔다 갔다 하는데, 이상하게 파스칼의 시선이 계속 나를 따라다니는 것 같았다. 묘한 느낌이었다. 그의 눈이 나를 뚫어지게 응시하는 듯했다.

핸드폰 소리가 들렸다. 문자가 와 있었다. 선우가 보낸 문자였다.

'령아, 목사님이 주신 책 읽어 봤니?'

'아직…… 구경 중이야.'

'구경 중이라고? 난 그 책을 샀어.'

'《팡세》를? 너희 집에 그 책 있다고 했잖아.'

'응, 그런데 아무래도 사서 봐야 할 것 같더라고. 언니가 가진 책은 밑줄이 너무 많이 그어져 있어서, 새 책으로 읽고 싶더라. 읽다가 모르겠으면 언니에게 물어보려고 해. 목사님이 《팡세》란 책을 소개하신 까닭도 알고 싶고. 또 과학의 천재가 어떻게 신 앞에 무릎을 꿇

었는지도 궁금하고.'

'시험 기간인데 괜찮아?'

'응. 짬짬이 읽다가 시험 끝나면 제대로 읽어 볼 생각이야. 어렵겠지만, 어려운 대목은 건너뛰고 이해되는 것만이라도 정리해 보려고 해. 그런 생각이 들었어. 시간이 흘러도 우리가 목사님을 찾아간 처음 마음을 잃지 말아야겠다는…….'

'그래, 원이의 죽음…… 신을 찾아가는 것…….'

그렇다. 나는 며칠 동안이었지만 목사님을 찾아간 처음 마음을 잃어버렸다. 목사님이 책을 주신 의미도 잊어버리고 무기력하게 보낸 날들이 부끄러웠다. 짧은 시간이지만 원이에게도 미안했다. 사람 마음이 참 간사하다고 어른들이 종종 말씀하시는데 내가 딱 그랬다. 목사님께 답을 얻고 싶었는데 못 얻었다고, 책만 받아 왔다며 원망한 내 꼴이라니. 신을 찾는다면서 이 모양이라니. 갑자기 쥐구멍이라도 찾고 싶었다. 천국이 있다면 원이가 뭐라고 할까. 선우처럼 기독교나 종교에 관심이 없던 친구가 오히려 목사님의 말씀을 새겨듣고, 목사님이 소개한 《팡세》를 사서 읽으려고 했다. 갑자기 불끈 의욕이 솟구쳤다. 파스칼의 눈이 지그시 나를 보고 있었다. 나도 그의 눈을 피하지 않았다.

《팡세》를 바라보았다. 그래, 한번 읽어 보자. 나도 한번 책을 잡으면 놓지 않는 성격이다. 책장에서 《팡세》를 꺼냈다. 아빠한테 배운

호흡법대로 숨을 크게 쉬었다. 그리고 책장을 넘겼다.

예상은 했지만 첫 장부터 무슨 말인지 알아들을 수가 없었다. 인내심을 갖고 한 장 한 장 넘겨 보았다. 도무지 무슨 뜻인지……. 눈앞이 캄캄해졌다. 하지만 이상했다. 포기하고 싶지 않았다. 시험공부보다 계속《팡세》를 읽고 싶다는 의욕이 생겼다. 그렇다고《팡세》를 도피처로 삼자는 건 아니었다.

나도 오기가 있다. 선우도 읽는데. 그리고 선우 말대로 목사님을 찾아간 처음 마음을 새겨야 한다. 우리는 신을 찾고자 하지 않았던가! 착한 친구 원이를 데려간 신. 왜 원이 같은 친구가 떠나야 했는지, 그런 친구가 이 세상에 왜 없어야 하는지, 신은 착한 사람들에게 왜 더 고통을 주고 행복하게 이 세상에 머물지 못하게 하는지, 우리는 그 물음의 답을 찾고 싶었던 것 아닌가. 그리고 나 때문에 원이가 죽은 건 아닌지. 우리가 불러내지 않았다면 원이는 지금도 우리 곁에 있을 텐데, 나도 나를 원망했는데……. 사라지지 않는 미안함……. 그래, 목사님이 파스칼이란 사상가의《팡세》를 우리에게 읽어 보라 권하신 데에는 분명 뜻이 있을 거야. 나는 곧장 선우에게 문자를 보냈다.

'선우야, 나도《팡세》를 읽으려고 해. 고마워. 원이한테 미안하더라. 목사님을 찾아간 첫 마음 잃지 않을게. 그래, 우리는 신을 찾으려 했지!'

나도 선우처럼 새 책을 사고 싶었다. 목사님 책에 밑줄을 긋기가 죄송했다. 책에 색연필로 밑줄 긋는 버릇을 가진 나는 다른 사람의 책을 잘 빌려 읽지 못한다. 아니 거의 빌려 본 적이 없었다. 엄마에게 책값을 받아 동네 서점으로 달려갔다. 엄마는 내가 시험공부에 필요한 참고서를 사려는 줄 아신 모양이다. 신문을 보며 스크랩하던 엄마는 서두르는 나를 보시고는 "뭐가 그리 급하니? 조금만 기다려" 하고는 지갑을 여셨다.

엄마는 학창 시절에 책을 좋아하셨다고 한다. 그래선지 내가 책 사는 걸 좋아하셨다. 신문을 보다가도 마음에 닿는 기사가 눈에 띄면 곧장 오려 스크랩해 두시는 취미가 있었다. 아빠와 결혼하고부터 먹고사느라 바빠 문학소녀의 꿈을 접었다며 씁쓸하게 말씀하신 기억이 있다. 이따금 내 책장에 학교 공부와 관련된 참고서보다 이런저런 잡다한 책들이 더 많아질 때도 엄마는 별다른 말씀이 없으셨다. 아마 용돈이 책 사는 데 들어간다는 것을 알면서도 그냥 모른 체하시는 것 같았다. 나는 그런 엄마가 너무 좋았다. 물론 성적이 갑자기 떨어졌던 지난 학기에는 조금 주의를 주시긴 했지만. 아빠도 책 사는 걸 두고 한 번도 뭐라 하신 적이 없었다. 오히려 내 방문을 열고 어디서 받았다며 "령아 한번 읽어 볼래?" 하고 책을 건네주시기도 했다.

"《광세》, 여기 있네요."

책방 주인아저씨가 서가에서 《광세》를 찾아 주셨다. 다행이다. 없으면 주문하려 했는데, 마침 서점 서가에 꽂혀 있었다. 색연필도 좋아하는 색깔로 두 자루 샀다. 노란색과 주황색. 나는 언제부터인가 밑줄을 긋고 싶어 책을 읽는가 싶을 정도로 색연필로 밑줄 긋는 데에 꽂혀 있었다. 나는 우선 《광세》에서 이해되는 문장부터 밑줄 그으며 읽기로 했다. 어차피 어려운 책, 처음부터 다 이해하려고 하지 말자. 아니, 가슴으로 읽자. 아, 이 말을 누가 했지? 맞다. 국어를 담당하시는 우리 담임 선생님이다. 나는 선생님을 존경한다. '존경'이란 말이 좀 무겁지만, 사실이다.

선생님이 좋은 시와 글을 발견했다며 독후감을 곁들여 수업 시간에 들려주실 때가 종종 있다. 평소 엄격한 분이지만 그런 날이면 눈빛이 따뜻해지셨다. 선생님의 목소리로 아름다운 시나 글을 들으면 추운 겨울날 떨다가 집에 돌아와 따뜻한 이불 속으로 들어가는 기분이었다. 《광세》를 마음 다잡고 읽어 가려 하니까 선생님이 하신 말씀이 떠올랐다.

"령아, 고전은 말이야, 가슴으로 읽는 책이란다."

선생님은 가끔 내게 어떤 책을 읽는지 묻곤 하셨는데, 내가 이것저것 잡다하게 읽는다는 소문을 들으셨던 모양이다. 그런데 왜 고전이라고 하셨을까. 내가 읽은 책 중 고전이 있었나? 그러고는 한 말씀을 더 붙이셨다.

"처음부터 머리로 읽지 말기를. 그러면 금방 지치거든. 나도 그랬단다. 고전은 밥이야. 조금씩 천천히 오래 씹어 먹어야 해."

가끔 이렇게 툭툭 던지는 시적인 표현으로 우리를 헷갈리게 하시기도 하고, 아니, 그래서 더 선생님에게 끌리고 선생님을 좋아하는 건지도 모른다. 수업이나 시험에 관한 팍팍한 이야기만 하는 다른 선생님들의 말을 들으면 모래를 씹는 것 같았다. 하지만 선생님의 말씀은 짧은 순간이지만 꼭 공간 이동 같은 특별한 경험을 하는 느낌을 주어 좋았다. 잠시 다른 세상으로 떠나는 듯했다. 숨을 쉴 것 같았다. 선생님 말씀이 떠올라서일까. 신기하게도 힘이 났다. 그래, 가슴으로 읽자. 파스칼도 사람 아닌가. 수학과 과학의 천재라지만 심장이 있는 사람일 것이다. 가슴으로 읽자. 머리가 아니라 내 가슴을 믿자. 이해 못 하는 건 선생님이나 철학과에 다니는 연우 누나에게 물어보자. 일단 알아들을 수 있는 문장, 가슴에 와닿는 문장부터 밑줄을 그어 가자. 나름 나도 독서 근육이 있으니까. 힘을 내자!

나는 잠들기 전까지 매일 조금씩 시간을 정해 놓고 책을 읽어 갔다. 10시부터 12시까지. 엄마에겐 공부한다고 하고서 《팡세》를 읽자니 좀 죄송했다(물론 엄마는 내가 친구들처럼 게임에 빠지지 않는 것만으로도 다행이라 여기시는 듯했다). 하지만 나는 신을 찾아 나서지 않았는가! 용기를 내야 한다. 그 신을 만나서 묻고 싶었던 질문에 대한 답을 얻어야 한다. 왜 착한 내 친구 원이가 죽어야 했는지, 왜 선한 사람이 고통을 받고 죽어야 하는지. 답을 얻지 못하면 허무할 것 같았다. 하지만 일단 이런 물음을 꾹 눌러놓기로 했다. 《팡세》를 있는 그대로 읽고자 했다. 막연하지만 그게 순서일 거라 생각했다.

　나는 우선 그 말을 찾고 싶었다. 흔히 들어 온 유명한 문장, '인간은 생각하는 갈대다'라는 문장을 서둘러 확인하고 싶었다. 그 말이 멋지게 들리기도 했지만, 무엇보다 그 속에 뭔가 해답이 있지 않을까 싶었다. 파스칼 같은 사상가가 그냥 멋진 말을 쓰진 않았을 거야. 왜 파스칼은 인간을 '생각하는 갈대'라고 했을까. 인간은 당연히 생각하는 존재가 아닌가. 그런데 왜 군이 갈대라는 말을 썼을까. 이런 질문이 꼬리를 이었다. 책장을 계속 넘겼다. 생각하는 갈대, 생각하는 갈대……. 책의 절반을 넘기지 않았을 때였다. 드디어 '생각하는 갈대'라는 말이 나타났다. 숨겨 둔 보물을 발견한 기분이었다. 나는 조금 들뜬 마음으로 '생각하는 갈대'가 나오는 문장을 읽어 내려갔다.

　인간은 자연에서 가장 연약한 하나의 갈대에 불과하다. 그러나 생각하는 갈대이다. 인간을 무너뜨리기 위해서는 전 우주가 무장할 필요가 없다. 증기나 한 방울의 물이면 죽이기에 충분하다. 그러나 우주가 인간을 무너뜨릴 때 인간은 그를 죽이는 우주보다 고귀할 것이다. 인간은 자신이 죽는다는 것과 우주가 그보다 우월하다는 것을 알고 있기 때문이다. 우주는 그에 대해 아무것도 알지 못한다.

나는 연극 대사를 외우듯 한 번 소리 내어 읽어 보았다. 연극을 많이 본 것은 아니지만, 배우들의 목소리에 빨려 들어가곤 했던 기억은 있다. 천천히 그러면서도 또박또박 읽었다.

"인간은 자연에서 가장 연약한 하나의 갈대에 불과하다. 그러나 생각하는 갈대이다."

생각하는 갈대, 생각하는 갈대……. 그런데 무슨 생각을 하는 갈대일까. 약간 흥분된 상태로 이 문장만 몇 번 반복해 읽다가 나는 그만 잠이 들고 말았다.

여기가 어딜까? 어디서 본 곳 같기도 하고 낯선 곳 같기도 하다. 나는 부모님 뒤를 따라가고 있었다. 아빠 친구분의 집에 놀러 가는 중이라 했다. 앞서 걷던 아빠가 "하룻밤 지내고 올 거야"라고 했다. 아빠는 친구분이 지난해에 귀농하셨다고 했다. 친구분 내외가 문밖에 마중을 나와 계셨다. 인사를 드렸다. 친구 내외분에겐 자녀가 없었다. 나는 어른들 사이에 오가는 대화를 듣다가 심심해져 밖으로 나왔다.

"너무 멀리 가지 마라. 곧 저녁 먹을 시간이니까."

집을 나서는 나를 보고 아주머니가 당부했다. 좀 이상했다. 보통 엄마가 하시는 말씀인데……. 걷고 또 걸었다. 멀리 숲이 보였다. 오후에서 해거름으로 넘어가는 듯 주위에는 차츰 어둠이 내리고 있었다. 숲길을 걸어갔다. 주위를 둘러보니 아무도 없었다. 걸음을 빨리

했다. 숲을 벗어나니 작은 마을이 나타났다. 앞이 보이지 않아 발을 헛디딜 뻔했다. 다행히 멀리 교회당의 불빛이 둘레에 번지고 있었다. 그 불빛에 의지해 조금씩 발걸음을 옮겼다. 걷는 동안 밤하늘을 올려다보았다. 별들이 가득했다. 금방이라도 땅에 쏟아질 듯했다.

그런데 교회당 근처에 누구일까, 젊어 보이는 사람이 혼자 밤하늘을 바라보고 있었다. 그의 옆모습이 보였다. 어딘가 낯익은 얼굴이다. 그에게로 가까이 다가갔다. 내가 곁에 있다는 것을 눈치채지 못한 걸까. 나는 일부러 인기척을 냈다. 그는 혼잣말을 하고 있었다. 중얼거리는 소리인 줄 알았는데 아니었다. 그는 크게 숨을 내뱉고는 탄식했다.

"아, 두렵다! 이 무한한 공간의 영원한 침묵이……."

어디서 읽어 본 구절이다. 아, 《팡세》가 아닌가. '생각하는 갈대'가 나오는 구절 바로 다음 문장이었다. 그럼 저 사람이 파스칼일까. 자세히 들여다보니 분명 파스칼이었다. 너무도 반가워 나는 그만 "파스칼 씨!" 하고 소리쳤다. 그는 고개를 돌렸지만 나를 못 본 듯했다. 내가 아무리 크게 그의 이름을 불러도 전혀 반응이 없었다. 내 말이 들리지 않는 걸까. 나를 못 보는 걸까. 내가 유령이 된 걸까. 나는 안타까워서 몇 번이고 소리쳤다. 그런데 파스칼의 얼굴이 일순 일그러졌다.

"인간은 얼마나 기이한 괴물인가! 얼마나 진기하고 흉물스러우며 혼돈과 모순으로 가득한 존재이자 경이인가! 만물의 심판자, 나약한 지렁이, 진리의 수탁자, 불확실과 오류의 시궁창, 또한 세상의 영광이자 쓰레기이다. 인간의 마음은 공허하고 오물로 가득 차 있어. 우리는 우리를 밖으로 내쫓는 것으로 가득 차 있는 거야!

인간은 천사도 짐승도 아니다. 그리고 불행히도 천사가 되고 싶어 하는 자는 짐승이 되니!"

나처럼 마른 몸을 가진 파스칼의 어디서 그런 힘이 나오는 걸까. 파스칼의 목소리가 더욱 커졌다. 그러다가 난데없이 파스칼의 다른 목소리가 들렸다.

"그런데 하느님은 어디에 계시지? 하느님은 숨어 계시는 분일까? 아, 우리 마르그리트……."

파스칼의 목소리가 메아리쳤다.

잠을 깬 나는 한동안 침대에서 일어나지 못했다. 꿈이 너무 생생했다. 두 손으로 얼굴을 만졌다. 열띤 기운을 느꼈다. 아침을 먹으라는 엄마의 목소리를 듣고서야 현실로 돌아온 것 같았다. 가방에《팡세》를 넣고 학교에 갔다. 쉬는 시간에도 짬을 내어 읽었다.

"령아, 뭐 읽냐?"

"응, 그냥."

원이가 떠난 뒤로 친구들도 내가 좀 바뀌었다고 생각하는지 말걷기를 어려워했다. 데스마스크 같은 얼굴을 하고 다니니 그럴 법도 했다. 집으로 돌아오는 길이었다. 어젯밤 꿈에서 본 파스칼의 모습이 떠올랐다. 머릿속에 또렷한 건 밤하늘을 보며 파스칼이 큰 소리로 외치고 토해 낸 말들이었다. 어떤 절규 같은 외침이었다. 그리고 숨은 신…… 마르그리트……. 희미하게 중얼거리던 목소리도 생각났다. 집에 오자마자 서둘러 숙제를 하고 답답해서 선우에게 문자를 보냈다.

'와, 진짜?'

'그래, 확실히 파스칼이었어. 내가 책에서 본 얼굴이었어.'

선우도 내 꿈에 파스칼이 나타났다는 게 신기했나 보다. 그런데 아쉬운 건 그가 나를 보지 못했고, 내가 곁에 서 있다는 것을 알아차리지 못했다는 점이었다.

'아이, 꿈인데 뭘 그렇게 신경을 쓰니.'

'아니, 그냥 그렇다는 거지. 그런데 궁금한 게 생겼어. 내가 《팡세》의 그 유명한 구절, '인간은 생각하는 갈대'라는 말을 찾고 나서 잠이 들었거든. 나는 그 말을 이렇게 이해했어. 인간은 위대한 존재다, 생각이라는 걸 하니까. 하지만 우주는 그렇지 않다. 즉, 인간의 위대함을 멋지게 표현한 말이라고 생각했어.'

'그래, 령아, 나도 그렇게 생각하는데…….'

'그런데 선우야, 파스칼은 밤하늘을 보면서 인간에 대해 굉장히 부정적인 말들을 했어.'

나는 꿈에서 들은 말들을 기억나는 대로 문자로 찍어 선우에게
보냈다. 원래 꿈을 잘 꾸지 않는 편인데 원이가 떠난 뒤로 꿈을 자주
꾸었다. 기억에 남는 것은 별로 없었지만 자고 일어나면 괜히 가슴이
답답할 때도 있었다. 그래도 어제 꾼 꿈은 눈앞에 그리듯 말할 수 있
었다. 내 꿈 이야기를 다 들은 선우는 연우 누나에게 메일을 보내 보
라고 했다. 아, 그래, 철학과 다니는 누나. 연우 누나는 동생들 말을
잘 들어 준다고 했다. 그래서 여섯 살 터울이 지는데도 선우가 연우
누나를 좋아하는가 보다.

'누나, 안녕하세요. 저 선우 친구 령이예요.'

나는 연우 누나에게 문자를 보냈다. 다행히도 누나는 반갑게 맞
아 주었다. 누나는 문자보다는 메일로 답신을 보내겠다며 이메일 주
소를 알려 주었다. 나는 누나에게 신을 찾아 나선 이야기와 꿈 이야
기를 적어 보냈다. 30분쯤 지났을까. 누나가 보낸 답신이 도착했다.

령아, 오랜만이네. 선우한테 얘기 듣고 있었어. 좋은 질문 해
주어 고맙다. 너한테 찬물을 끼얹는 것 같아 미안한데, 먼저
내 입장부터 말해 두고 싶어. 나는 인간은 자신이 알 수 있는
것까지만 알려고 하면 된다고 생각해. 내가 칸트를 전공하고
칸트처럼 자연 과학으로부터 출발해서인지도 모르겠어. 경험
을 넘어선 것에 대해서는 늘 미심쩍어했거든. 내 머리로 이해

되지 않는 건 가슴으로도 못 받아들이겠더라. 나도 령이와 선우 심정을 이해하려고 노력하지만, 너희들이 찾는 신이 과연 존재할까? 아니, 너희들은 이미 신이 존재한다고 믿는 것 아닐까? 신이 존재하지 않으면 불안할까? 폴 틸리히라는 신학자가 이런 말을 했어. '신은 모든 존재의 기반'이라고. 그래, 사람들은 흔들리지 않는 토대를 원하지. 나도 그랬고. 불안하고 힘드니까. 그게 자연스러운 거란 생각은 들어.

그런데, 령이 너도 선우한테 들어 알겠지만, 내가 철학과를 가게 된 건 아버지의 죽음 때문이었어. 령이한테 무거운 얘기를 해서 미안한데, 너도 원이가 떠난 뒤로 달라졌고 또 이런 말을 해도 이해할 거 같아서 숨기지 않고 말해 보는 거야. 네가 책도 많이 읽는다고 들었거든.

우리 아버지는 남한테 험한 말 한마디 해 본 적 없이 착하게 살아오셨어. 그런데 오랜 투병으로 인해 우리 집은 경제적으로 무너졌고, 나와 선우는 어머니를 따라 친척들 신세를 지면서 어린 시절을 보냈단다. 자존심도 많이 상했고, 아버지가 원망스럽기도 했어. 참 이기적이지? 아버지가 더 오래 사셨더라면 좋았을 텐데, 그럼 우리가 이렇게 힘들지 않았을 텐데 하는…… 너무도 자기중심적인 생각들…….

연우 누나가 보낸 메일을 읽다 나는 그만 울컥했다. 선우가 집안 얘기를 거의 하지 않는 데다, 나도 선우가 이성 친구이다 보니 가정사에 대해서는 굳이 묻지 않고 지내 왔다. 친하다고 생각했는데, 미안하고 부끄러운 마음이 들었다. 늘 잘 웃고 친구들과 잘 어울리는 선우였기에 더욱 그랬다. 누나가 철학과에 들어간 계기도 처음 알았다. 그저 누나가 생각이 깊은 사람인가 보다고 생각했을 뿐이다. 공부를 잘하는 누나가 남들 가지 않는 철학과에 갔다고 해서 의아해하긴 했지만, 아버지의 죽음이 철학과 진학의 이유인 줄은 전혀 생각지 못했다.

아버지가 돌아가시고 내 마음에는 큰 구멍이 생겼어. 아, 령이한테 별말을 다 하는구나. 글을 쓰다 보니 나도 모르게 길어지네. 오늘 령이가 건넨 물음에 간단히 답해 볼게. 아니, 그냥 내 생각을 적어 볼게. 사실 나를 철학과로 이끈 책이 바로《팡세》였단다.

와! 누나도《팡세》를 읽었구나! 역시 연우 누나다. 나는 누나의 다음 이야기가 궁금했다.

먼저 말해 둘게. 나는 무신론자야. 무신론자인 내가《팡세》를 읽었다고 하니 좀 이상하지? 나는 아버지가 돌아가신 후 많이 방황했단다. 공허감에 가슴이 늘 허전했어. 그러다가 우연히 《팡세》를 접했어. 나를 지탱해 줄 뭐라도 잡고 싶은 심정이었거든. 나는 《팡세》에서 파스칼의 상처를 읽을 수 있었어. 그의 고통을 느꼈어. 아마 내가 힘들어서 그랬을 거야. 아버지는 늘 우리와 함께 계실 줄 알았거든. 누가 그러더라. 부모님 중 한 분이 돌아가셨다는 건 나를 이 세상과 이어 준 굵은 줄 하나가 끊어지는 것과 같다고.

나도 인간을 '생각하는 갈대'라고 한 파스칼의 표현에 매혹되었어. 사상가치고 참 문학적이다 생각했지. 그런데 파스칼이 말하는 '생각한다'는 것은 그냥 생각하는 게 좋다는 뜻은 아니야. 파스칼은 인간의 '존엄'을 생각하는 것에 두었는데, 그가 말한 존엄의 어원엔 '의무'란 뜻도 있거든. 파스칼은 인간의 의무는 죽을 수밖에 없는 자신의 비참한 운명을 자각하는 것이라고 본 거야. 이 의무를 게을리하면 인간은 존엄을 잃어버린다고 보았지.

령이도 읽었겠지만 파스칼의 말을 그대로 인용해 볼게. '인간은 분명히 생각하기 위해서 만들어진 존재다. 이것이 그의 모든 존엄성이며, 그의 모든 장점이다. 그래서 그의 모든 의무는 필요한 만큼 생각하는 데에 있다. 그런데 생각하는 순서는 자기 자신으로부터 시작하여 자기의 조물주를 생각하고, 자기의 목적을 생각하는 것이다.' 파스칼은 세상 사람들이 이런 문제를 생각하지 않는다며 이렇게 묻고 있어. '그런데 세상 사람들은 무엇을 생각하는가? 전혀 그런 것을 생각하지 않는다. 오히려 춤추는 것을 생각하고, 악기를 연주하는 것과 노래 부르는 것, 시를 짓는 것, 승마를 연습하는 것 등, 그리고 서로 싸우는 것을 생각하고, 왕이 무엇인지, 인간이 무엇인지를 생각하지도 않은 채 왕이 되는 것을 생각한다.'

파스칼은 '인간은 자신이 어떤 위치에 있는지 알지 못한다'라고 했지. 정말 그래. 신에게서 벗어난 존재, 그래서 두려움을 이겨 내려고 신을 찾고 신을 생각하고.

누나 말대로 나도 읽은 부분이었다. 그래서인지 점점 흥미로워지기 시작했다.

그런데 그가 인간이 위대한 건 사유에 있다며 이렇게 썼지? '저 무한한 우주의 침묵이 나를 두렵게 한다.' 거기에 어쩌면 파스칼의 속마음, 두려움, 그 침묵을 받아들이기보다 해답을 얻고 싶어 하는 무의식이 드러난 것 같았어. 그 두려움 앞에 선 파스칼이 더 끌렸어. 그래서 나는 파스칼이 말하는 신의 은총을 부인하고 싶지는 않아. 나는 내 텅 빈 곳을 철학으로 채워 보고 싶었지. 그 텅 빈 곳이 두려움일 수도 있을 거야.

나는 오히려 신 없는 인간의 비참함을 탄식한 파스칼보다 인간의 비참함을 아는 것이 인간의 위대함이라고 한 파스칼에게 끌린단다. 신의 은총 앞에 무릎 꿇은 파스칼보다 생각하는 갈대라고 한 파스칼에게 끌려. 그가 캄캄한 밤하늘을 바라보며 인간의 작음을 말하면서도 사유의 위대함을 말한 문장을 읽고 감동했어. 우주의 침묵 앞에 두려워하는 그의 솔직한 마음이 더욱 다가왔단다.

칸트는 우리가 신을 알 수 없다고 했어. 물론 그가 추구하는 도덕 왕국에서는 결국 신을 요청하지만, 그 신은 령이가 생각하는 그런 인격적인 신이 아니거든. 칸트는 신과 인간 사이에 놓인 다리를 없애 버렸다고 할 수 있는데, 신을 존재 조건으로 요청해. 그는 무신론자라고 할 수 있어. 데카르트가 여전히 이성의 근거를 신에게 두고 있는 것과 다르지. 데카르트는 중세와 근대가 공존하는 인물이잖아. 그런데 칸트는 신과 인간 사이의 끈을 잘라 버렸어.

나는 파스칼이 캄캄한 우주를 바라보며 경험한 두려움이 우리가 선 자리를 있는 그대로 응시했다고 생각해. 진실하다고 할까. 그 두려움 앞에 선 파스칼의 마음…… 허허벌판에 선

존재로서 인간의 조건이 더 진실하게 다가와. 오히려 그 태도가 정직한 것이 아닐까 해. 파스칼은 그 두려움을 신을 통해 극복하고 신 앞에 겸허하게 무릎 꿇었지만……. 그래선지 나는《팡세》앞부분을 좋아해. 파스칼이 인간의 비참함과 위대함을 있는 그대로 드러낸 구절들이 가슴에 다가와.

《팡세》의 1부는 신이 없는 인간의 비참, 2부는 신이 있는 인간의 지복을 말했어. 파스칼도 1차 회심을 하고 나서 가족들을 기독교 신앙으로 인도했지만 세속의 삶을 살아가면서 다양한 인간들의 허영심과 짐승스러움도 보았거든. 파스칼의 누나는 그런 시절이 파스칼에게 쓸모없는 낭비였다고 말했지만, 나는 그렇게 생각하지 않아. 오히려 그가 인간을 더 속속들이 파고들어 관찰하고 탐색한 시간이라 보거든. 그래서 파스칼은 인간의 비참, 하느님 없는 인간의 비참을 본 거야. 이건 신을 믿지 않는 사람들도 보아야 할 거라 생각해.

나는 누나가《팡세》를 설명하는 부분을 읽으며 감탄했다.

령아, 오늘은 마지막으로 이것만 쓸게. 내가 지금까지 령이한테 너무 힘든 얘기를 늘어놓은 것 같아서……. 1669년에《팡세》가 출간되었을 때 로마 교황청에서 파스칼의《팡세》를 금서 목록에 올렸다는 사실을 알고 있니? 어쩌면 파스칼은 한 종교학자가 말한 대로, 신앙은 합리적 논증이 아니라 선택과 결단에 근거한다는 것을 주장한 점에서 최초의 근대인이라고 할 수 있어.[1] 그래선지 실존주의자들이 파스칼을 좋아하는 경우가 많아. 그가 기독교를 변호하는 호교론자로 돌아선 것을 과학을 부정하고 신을 택한 것으로 단순히 치부해 버리지 말고 그가 신을 추구해 간 과정에 주목해야 한다고 생각해. 파스칼은 합리적 이성으로는 신을 알 수도 없고, 신은 증명할 수 없다고 했어. 자신이 믿는 신은 철학자와 과학자의 신이 아니라 아브라함, 이삭, 야곱의 하느님이라고 했지. 그는 이성이 아니라 마음으로 신을 받아들인 셈이지. 데카르트를 비판한 것도 그 때문이란다.

하지만 령아, 나는 인간이 태어나면서부터 죄를 갖고 태어난다는 원죄론, 그리고 인간은 예수 그리스도를 통해서만 하느님을 알게 된다는 파스칼의 믿음을 받아들일 수는 없었어. 이 점이 나를 파스칼한테서 멀어지게 한 결정적 이유란다. 물론 나도 예수 그리스도가 신의 형상을 가장 잘 나타낸 분이라고는 생각하지만……

마지막으로 한 가지만 덧붙일게. 흔히 삶은 도박이라고 하지? 흥미롭게도 파스칼은 삶의 방향을 끌고 나갈 때 어디에 내기를 걸어야 하는가 물었지. 신이 있다는 데에 내기를 걸든, 신이 없다는 데에 내기를 걸든, 어느 쪽을 선택하는가에 따라 삶의 태도가 달라질 거라고 했어. 이게 바로 '파스칼의 내기'란 유명한 내기 논증이야. 파스칼이 말한 내기의 요점은 신을 믿지 않는 것보다 믿는 것이 더 이익일 것이라는 거고. 어느 쪽에 걸어도 좋겠지만, 신을 믿는다고 내기를 걸어 놓으면 '충직하고 성실하며, 겸손하고 감사할 줄 알며, 친절하고 진실한 친구이며 참된 사람이 될 것'이라고 했지. 파스칼은 이렇게 해서라도 사람들이 기독교의 신을 받아들이기를 바랐는지도 몰라. 칸트와는 다르지. 칸트의 신은 인격적인 신이 아니라, 도덕적 행위를 위한 전제 조건으로 요청된 신이라고 할 수 있으니까. 자, 그럼 오늘은 여기까지만 쓸게. 또 연락하자.

[1] 카렌 암스트롱, 《신의 역사 2》(배국원·유지황 옮김, 동연, 1999)

3
신을
찾아 나서다

4

'숨은 신'의
메일이
도착했습니다

토요일이다. 여느 때와 다름없이 금요일에는 밤늦게까지 영화를 보고, 유튜브로 좋아하는 축구 선수들의 영상을 보았다. 그냥 잠자리에 들기 미안해 《광세》 몇 쪽을 뒤적이다 그만 잠이 들었다. 토요일 아침에는 엄마도 잠을 깨우지 않으신다. 아빠는 주말에도 일이 있어서 나가셨다. 엄마는 '밥 해 놓았으니 챙겨 먹어'라고 빨간 볼펜으로 꾹꾹 눌러쓴 노란 메모지만 탁자에 남겨 놓으셨다.

엄마는 요즘 주말이면 동네 독서 모임에 나가신다. "령아, 엄마는 요즘 말이야, 학창 시절 못 읽은 세계 명작에 빠졌어"라며 즐거워하셨다. 그래선지 낯선 외국 작가들의 작품집이 한 권 두 권 책장에 채워져 갔다. 동네 도서관 사서로 일하는 지인한테서 이런저런 책들도 소개받는다고 하셨다. 며칠 전엔 책장을 보며 뿌듯해하셨다. 그런 엄마를 보니 나도 기분이 좋았다. 아, 토요일 오후다. 나만 집에 남았다. 창문을 여니 바람이 찼다. 그래도 하늘이 맑으니 그런대로 좋은 오후다.

이메일을 열어 보았다. 평소 이메일을 사용할 일이 거의 없는 나는 스팸 메일을 지워 갔다. 그러다 한순간 멈칫했다. 어, 이게 뭐지? 처음 보는 닉네임이다. 숨은 신? 누가 장난치는 건가? 나는 불쾌한 메일로 토요일 오후를 망치고 싶지 않았다. 잘못 보낸 메일일 거야. 삭제하자. 다른 스팸 메일과 여기저기서 온 메일을 선택한 후 전체 삭제를 눌렀다. 몽땅 휴지통으로 옮기고 나니 방 안을 청소한 듯한 기분이 들었다. 그런데 내가 깜박한 것일까. '숨은 신'이란 닉네임으로 온 메일이 남았다. 삭제할까. 그래, 무슨 메일인지 확인만 하고 삭제하자.

사실 '숨은 신'이라는 제목을 그냥 지나치지 못한 건 내가 찾던 신이 아닐까 하는 좀 묘한 생각이 들어서였다. 숨은 신? 신이 숨어 있다고? 호기심이 생긴 나는 일단 메일을 클릭했다.

안녕? 나는 '숨은 신'. 아, 닉네임 오해할까 봐 미리 말해 둘게. 나는 '숨은 신'이라는 이름으로 세상에서 활동하는 수호천사란다. 수호천사…… 혹시 들어 봤는지 모르겠구나. 사람들은 수호천사의 존재를 거의 믿지 않지. 소수만 나의 존재를 믿더구나. 수호천사를 그냥 영화나 문학에서 만들어 낸 상상의 산물이라고들 알고 있기 때문이지. 하지만 나는 분명 신을 대신해 사람들의 영혼을 돌보며 이끄는 역할을 한단다. 오래전 나는 지상에서 〈베를린 천사의 시〉란 영화가 개봉된 걸 기억해.

아마 령이 아빠나 엄마는 그 영화를 보셨을지도 몰라. 나는 그 영화를 혼자 가서 보았는데 영화에 나오는 천사가 바로 나와 같은 천사였어. 그런데 사람들은 나와 같은 수호천사의 존재를 모르고 믿지도 않아. 아니, 알려고도 하지 않지. 모든 일을 자기 힘으로 하는 줄 알거든. 물론 나로선 그게 오히려 편하긴 하지만.

또 나는 영혼만 가진 존재가 아니야. 세상 사람들과 다름없이 몸을 갖고 살아가. 학교도 다니고 직업도 갖고…… 결혼만 하지 않을 뿐. 겉보기엔 보통 사람과 전혀 다른 게 없어. 그런데 사람들은 나를 늘 처음 보는 사람처럼 느끼지. 나는 나를 아는 사람들이 늙어 갈 때면 조용히 다른 나라나 장소로 가서 젊은 이로 새로운 삶을 살아가. 이렇게 지내다 보면 사람들의 기억 속에서 어느덧 나란 존재는 지워지지. 또 모습도 달리하면서 살아가니까, 언제나 새롭게 삶을 시작한단다.

그런데 나는 첫 문장부터 기분이 상했다. 언제부터 날 보았다고 반말이야. 혹 정신이 이상한 사람 아닐까? 물론 무언가에 홀린 듯한 기분도 들었다. 이상한 건 제아무리 정신 이상자가 쓴 것이라 해도 이메일의 글이 거짓말 같진 않았다는 점이다. 하지만…… 천사라니! 그건 너무하잖아. 책이나 영화에서만 본, 상상 속 존재잖아. 그럼에도 궁금증은 더 커졌다. 이 사람은 어떻게 천사가 되었을까? 원래부터 하느님과 함께 있었을까?

아, 그리고, 믿기 어려울 테지만…… 나는 파스칼의 임종을 지켜보았던 천사란다. 나는 파스칼처럼 신을 찾는 사람들을 지키는 역할을 해 오고 있지. 파스칼이 태어난 순간부터 세상을 떠날 때까지 곁에서 그를 지킨 수호천사였단다.

나는 천사의 인사말에서 소리를 지르고 말았다. 파스칼이 등장하잖아! 누가 내 꿈을 훔쳐본 걸까? 소름이 돋았다. 아니, 내가 왜 이러지. 정신 차리자. 꼭 영화 속에 나오는 이야기 같다. 처음에 느꼈던 호기심이 두려움으로 바뀌려는 순간이었다. 내가 파스칼의 《팡세》를 읽는 건 목사님과 선우, 연우 누나밖에 모른다. 정말 천사가 내 꿈을 훔쳐본 걸까? 이렇게 말하는 걸 보면 분명 나를 아는 사람일 텐데……. 귀신에게 홀린 걸까? 나는 잠시 내 머리를 손으로 쳐 보고 볼을 꼬집어 보았다.

그런데 다음 순간, 문득 그를 시험해 보고 싶어졌다. 혹시 선우나 연우 누나, 아니면 목사님이 정체를 감추고 보낸 건 아닐까? '숨은 신'이 정말 수호천사인지 확인해 봐야겠다. 나는 내 꿈 이야기를 쓰고 내가 무얼 찾는지 맞혀 보라는 식으로 이메일을 보냈다.

그런데 웬일인지 답신이 늦었다. 무슨 일이 생긴 걸까? 아니야. 천사한테 무슨 일이 있겠어? 조금만 더 기다려 보자. 하루가 지나고 이틀이 지났다. 마음이 조급해졌다. 정말 무슨 일 생긴 거 아닐까? 그런데 수신 확인을 해 보니 읽음으로 바뀌어 있었다. 아, 다행이다. 나는 안도의 한숨을 쉬었다.

령아, 미안. 그간 근무하던 직장을 그만두고 나오는 바람에 답신이 늦어졌네. 회사에 사정이 생겨 다른 곳으로 옮기게 되었어. 천사도 이런 일을 당하나 싶겠지만, 전에도 말했듯 나는 세상 사람들과 다를 바 없이 살아가. 그래서 사람들의 고통을 직접 느끼고 경험하게 된단다. 령이 보낸 물음을 읽어 봤어. 그래, 무슨 말인지 이해하기 쉽지 않았을 거라 생각해. 왜 파스칼이 숨은 신을 이야기했는지, 글로 쓰는 대신 령이 잠들면 꿈속에서 보여 줄게. 꿈을 통해서 훨씬 잘 알 수 있을 거야. 그럼 편히 잠들도록 해.

나는 천사 '숨은 신'의 답신을 받고 좀 황당했다. 지금까지 내가 꿈을 꾼다 생각했지, 꿈을 꾸게 하는 누군가를 생각해 본 적은 없었다. 하지만 천사니까 가능하겠지! 이번에 이 말이 정말이면 그는 진짜 천사일 거야. 그래, 한 번 더 믿어 보자.

오후가 지나 혼자 음악을 듣다가 《팡세》를 펼치려는데 나도 모르게 졸음이 밀려왔다.

햇볕이 들지 않는 방 안이 보였다. 꿈에 보았던 파스칼이 나타났다. 벽을 바라보던 파스칼은 눈을 떴다 감았다 되풀이하다 기도를 시작했다.

누나 질베르트가 문을 열고 들어왔다. 질베르트는 조용히 이름을 불렀다.

"파스칼……."

파스칼은 듣지 못한 듯 계속 기도를 했다. 의자에 앉은 질베르트는 파스칼이 기도를 마치길 기다렸다. 기도를 마치고 파스칼은 조금 격양된 목소리로 질베르트를 불렀다.

"누님…… 어떻게 되었나요?"

동생의 물음에 질베르트는 기쁜 빛을 감추지 않았다.

"정말 감사해. 우리 마르그리트의 치유가 드디어 교회로부터 기적이라고 공식적인 인정을 받았구나."

파스칼은 흐르는 눈물을 닦았다.

"지난봄, 마르그리트가 주님이 쓰셨던 가시 면류관을 만지고 씻은 듯이 나았을 때 사람들이 모두 놀랐었지. 하지만 하느님이 나타내신 기적이라는 것을 반신반의하는 사람들도 있었잖아. 그런데 이렇게 기적으로 공인되다니!"

꿈이 너무 생생했다. 파스칼이 또다시 꿈에 나타날 줄이야. 아빠는 현 직장에 면접을 보러 가기 전날, 꿈에서 돌아가신 할머니를 보았다고 하셨다. 그 이후로 좋은 일이 생길 때마다 꿈에 할머니가 나타났다고 한다. 꿈속에서 할머니는 언제나 잔잔히 미소를 지으며 아빠에게 잘 있냐고 물으셨다고 한다. 특히 아빠는 봄꽃들이 만발한 정원에서 한복을 입고 계시거나 집에서 아빠를 맞아 주던 꿈속 할머니 모습이 눈앞에 생생하다고 했다. 아빠는 할머니 꿈만 꾸고 나면 마음이 편안해지고, 기대했던 일이 잘 풀렸다고 했다.

나는 숨은 신이 왜 내게 이런 꿈을 보여 주었을까 호기심이 발동했다. 파스칼의 조카 마르그리트가 치유된 것을 두고 교회가 기적이라고 공인했다는 게 무슨 말이지? 나는 숨은 신에게 꿈의 내용이 뭘 말하는지 너무 궁금하다고 메일을 보냈다. 내 메일을 확인한 숨은 신은 바로 답신을 보내 주었다.

아, 령이 궁금해할 줄 알았어. 파스칼에게는 열 살 된 조카가 있었단다. 누나인 질베르트의 딸 마르그리트지. 안타깝게도 마르그리트는 3년이 넘도록 눈에서 고름이 나오고, 코와 입으로도 흘러나와 실명 위기에 놓여 있었어. 어린애가 얼마나 고통스러워했는지 몰라. 당시 파리에서 가장 유명한 외과 의사들도 치료할 수 없을 만큼 절망적이었어. 그런데 수난절 기간이었어. 파리의 포르루아얄 수도원 예배당에서 마르그리트가 그리스도의 가시관 일부를 손으로 만졌는데, 정말 놀라운 기적이 일어났지. 의사들도 두 손 들었던 불치병이 완전히 치유된 거야. 이 사건을 성(聖) 가시관의 기적이라고 해. 이 사건으로 파스칼이 큰 은총을 체험한 건 말할 필요도 없고. 그리고 령! 아래는 파스칼이 평소 교분이 있던 로안네 양에게 보낸 편지인데, 꼭 읽어 보았으면 해.

'……여기 마르그리트가 치유된 기적에 대한 교회의 확인이 완료되었음을 당신에게 알려 드립니다. 주교 총대리인의 판결문을 읽어 보면 알게 되시겠지요. 신께서 그와 같이 범상치 않은 사건을 통해 스스로를 나타내 보여 주는 사람들은 아주 적은 수에 지나지 않으므로 그런 기회는 반드시 유익하게 이용해야 합니다. 왜냐하면 신을 숨기고 있는 자연의 비밀로부터 신이 빠져나오시는 것은, 우리가 그를 한결 더한 확신으로 알게 됨으로써 한결 더한 열정으로 그를 섬기도록 우리의 신앙을 부추기기 위해서일 뿐이기 때문입니다. 만약 신이 계속적으로 인간들에게 나타내 보이신다면, 그를 믿는다고 해서 무슨 공이 되지는 않겠지요. 그리고 만약 신이 한 번도 나타내 보이지 않으신다면, 믿음이란 거의 있을 수 없겠죠. 그러나 신께서는 여느 때는 숨어 계시다가 자신을 섬기도록 하시려는 사람들에게 드물게 드러내 보이십니다. 신께서 그 안에 숨어 계시는 이 기이한 비밀, 인간들에게는 이해되기 어려운 이 비밀은 인간들의 눈에서 멀리 떨어진 고독으로 우리를 이끌고 가기 위한 큰 가르침입니다.'

5

의심하면서도
찾지 않는다면

숨은 신에게 메일을 받고, 꿈에 다시 파스칼이 나타나고. 나는 흥분하지 않을 수 없었다. 무엇보다 선우가 알면 어떤 반응을 보일까 궁금했다. 혹시 나를 이상하게 여길까? 아니야, 선우라면 이해해 줄 거야. 선우는 꿈에 나타난 파스칼 이야기를 듣고 나서도 연우 누나에게 메일을 보내라고 했잖아.

나는 내가 겪은 대로 솔직하게 써서 선우에게 이메일을 보내고 문자도 남겼다. 잠시 후 핸드폰 소리가 나며 선우가 보낸 문자가 떴다. 답신이 짧았다.

'새로 생긴 북 카페 알지? 만나서 얘기하면 좋겠어.'

우리는 새로 생긴 동네 북 카페에서 만나기로 했다. 친구들이 자주 추천한 곳이다. 아늑한 느낌을 주는 공간에서 대학생 형들과 누나들이 한창 노트북을 두드리고 있었다. 아마도 시험 기간인 모양이다. 벽 쪽에 앉은 선우가 보였다.

"령아, 뭐 마실래? 오늘은 내가 살게. 엄마가 하는 일을 좀 도와 드렸거든."

호주머니를 뒤적이는 나를 보고서 선우가 웃으며 말했다. 선우는 엄마가 운영하시는 분식집 일을 아주 바쁘실 때 도와드린다고 했다. 아빠가 떠나시고 나서 엄마가 분식집을 여셨다고 했다.

"령아, 문자로 보내 준 꿈 이야기 잘 읽었어."

"그래, 고마워."

"그런데……."

선우의 표정에 살짝 그늘이 졌다. 무슨 일일까.

"령아…… 내가 이런 말 해도 괜찮을지 모르겠어."

"무슨…… 뭐든 말해도 좋아. 무슨 일 있니?"

선우가 그런 표정을 짓는 걸 처음 본 터라 의아하기도 했지만 한편으로는 호기심도 생겼다. 왜 보자고 한 걸까? 아마 내가 천사를 만났다고 쓴 메일 때문이겠지.

"령아, 내 말에 상처받지 않았으면 해."

분명 선우는 메일을 보고 이런 말을 하는 것이다. 딱 잘라 말하는 선우가 아닌데, 말투가 싸늘했다. 찬바람이 지나가는 것 같았다. 천사 운운한 메일 때문일 거다. 난 그래도 목소리를 좀 높여 밝게 물었다.

"선우야, 왜 그래? 뜸들이지 말고. 내가 보낸 메일 때문이지?"

"응, 천사가 메일을 보냈다고 쓴 문자를 보고…… 좀 충격받았어."

우리 둘 사이에 잠시 냉기가 흘렀다. 선우의 눈빛으로 보아 나를 이상하게 생각하는 것이 분명했다. 기분이 별로였지만 내색하고 싶지 않았다. 내가 천사를 만난 건 분명하니까. 아니, 만나지는 않았지만 천사인 걸 확신하니까.

"그래, 나도 네가 그럴 거라 생각했어. 안 그런 게 이상한 일이지……."

나도 모르게 말투가 퉁명스럽게 나왔다. 아차 싶었지만 늦었다. 선우도 기분이 안 좋아 보였다.

"령아, 우리가 처음에 신을 찾자고 한 이유가 뭔지 잊었어? 숨은 신? 숨은 신이 나타났다고?"

나는 선우의 반응에 순간 욱했다. 서운했다. 그래도 내가 숨은 신을 만났다고 하면 이해해 줄 거라 생각해서 보낸 건데……. 아니다. 나도 뜬금없이 숨은 신에 대해 말하고, 꿈 이야기를 늘어놓았으니 선우가 이렇게 반응하는 것도 무리는 아니다. 바꿔 놓고 생각하면 내가 너무 흥분하고 호들갑을 떤 게 아닌가 싶다. 그렇게 생각하자 섭섭함이 조금은 가라앉았다. 아주 짧은 순간에 마음을 정리하는 나 자신이 이상할 정도였지만, 조급해하지 말자고 다짐했다. 천사에 대한 믿음 때문일까. 천사를 생각하니 마음이 조금 편해졌다. 선우에게 어떻게 설명하면 좋을까. 문제는 그것뿐이다.

"선우야, 나도 메일을 보내면서 네가 이렇게 반응할 거라 예상했어. 왜 아니겠어. 나라도 그랬을 거야. 그런데 너는 보이는 것만 믿는다고 했지?"

"그래, 보이는 것만 믿지. 아니, 내가 직접 보고 확인하는 것만 믿는 거지."

"네가 보고 확인하는 것만 믿는다면 너는 너 자신에 대한 믿음이 강한 모양이야. 부럽다."

"하지만…… 나도 원이가 떠난 뒤로 내가 보는 것만이 전부일까 하는 생각이 들었어. 아까 다짜고짜 말한 것 사과할게. 나는 네가 어딘가 이상해진 게 아닐까 싶어 걱정스러운 마음에 그랬어. 신을 찾다가 오히려 이상해지고 있는 건 아닐까 해서. 천사를 만났다는 말을 듣고 솔직히 놀랐거든. 그리고 무섭기도 했어. 네가 혹시 잘못되어 가는 건 아닌가……."

나는 내심 마음이 놓였다. 그럼 차분히 이야기를 할 수 있겠다 싶었다. 선우의 눈빛에도 미안함이 묻어났다.

"나도 처음엔 호기심 반 두려움 반이었어. 아니, 의심했다고 말해야 맞겠다. 누가 장난치는 줄 알았거든. 그런데 너랑 나만 아는 얘기만 아니라 내 꿈 얘기까지 하는 걸 메일로 확인하니 메일을 보낸 사람이 천사라고 확신하게 된 거야. 몇 가지 시험도 해 봤거든. 사고가 난 날, 그리고 내 꿈, 우리가 신을 찾는 것…… 모두 너하고 나만 아는 거야. 아, 목사님과 연우 누나도 알지. 그렇지만 그분들에게도 말하지 않은 걸 천사는 마치 눈앞에서 직접 본 듯 이야기했어. 그러니 내가 어떻게 천사의 존재를 믿지 않을 수 있었겠어. 천사가 보낸 메일은 복사해서 그대로 너한테 보내 놓았어."

"응, 알아. 메일은 확인했어. 령이 너를 직접 보고 이야기 들으니까 나도 살짝 마음이 흔들리는데……."

선우가 웃으니 나도 기분이 풀렸다. 안심이 되었다. 하지만 살짝만 흔들리면 안 되는데……. 나는 천사가 분명하다는 확신을 심어 주고 싶어 다시 꿈 이야기를 되풀이했다. 선우는 믿기 어렵다는 표정이었지만 내가 워낙 자세하게 말해서인지 조금씩 마음을 열어 갔다. 말이란 참 신기하다. 나도 모르게 말이 길을 찾아가는 걸 느꼈다. 선우는 내 얘기를 다 듣고 나서 이렇게 말했다.

"누가 그러더라. 귀신은 귀신이 있다고 믿는 사람에겐 있고, 없다고 믿는 사람에겐 없다고. 그런데 네가 그렇게 말하니까 나도 한번 그 천사를 시험해 보고 싶어졌어."

"그래? 그럼 내가 그 천사를 소개할까?"

"령아, 그런데 숨은 신이라는 그 천사는 이메일로만 만나야 하는 거니? 네 말대로 보통 사람처럼 직장도 다닌다면 실제로 만날 수 있는 거 아니야? 나는 그 천사와 직접 만나고 싶은데……."

"그래, 하지만 숨은 신은 직접 너를 만나려 하지는 않을 거야. 그를 만난 사람들은 그를 기억하지 못하게 된다고 했거든. 그래도 한번 부탁해 볼게. 선우 네 이메일 주소를 숨은 신 천사에게 알려 줄게."

선우의 눈빛이 호기심으로 가득해졌다. 처음 나와 만났을 때의 의심에 찬 눈빛이 아니었다. 나는 이렇게까지 해야 되나 싶었지만, 선우에게 내 말이 거짓이 아님을 증명해 보이고 싶었다. 혹 천사를 힘들게 하는 건 아닌지, 괜한 걱정도 들었다. 그래도 약속한 거니까 말은 해 보자.

나는 집에 돌아오자마자 숨은 신에게 메일을 보냈다. 다행히 숨은 신은 내 메일을 금세 확인했다. 하지만 답신은 밤늦게야 도착했다.

아, 령, 답신이 늦어서 미안. 만나지 못할 건 없지만, 만난다고 해서 달라질 것도 없어. 나를 직접 만나면 사람들은 나를 보통 사람으로밖에 볼 수 없어. 나는 내 진짜 모습을 드러낼 수가 없거든. 친구 선우한테는 미안하고. 그분(신)은 우리 천사들이 세속에서 이렇게 살아가도록 해 놓으셨거든. 령이 친구 선우에겐 정말 미안하네. 령이 남겨 준 선우 이메일로 미안하다고 연락해 놓을게.

아, 숨은 신님, 그렇군요, 잘 알았어요. 고맙습니다. 말씀하신 대로 친구에게 전할게요. 그 친구에게 숨은 신님에 대해 얘기 했더니 제 말을 믿지 않아 메일을 드린 거였어요. 불쾌하게 생각하지는 말아 주세요. 저는 숨은 신님을 믿으니까요. 그럼 또 연락드릴게요.

이렇게 메일을 보내고 나니 조금 홀가분해졌다. 그런데 문득 궁금증이 생겼다. 연우 누나라면 천사 이야기를 듣고 뭐라고 할까? 한번 이메일을 보내 볼까? 아니다. 누나는 철학을 전공한 사람인데, 근거를 따지려 들면 내 말발이 달릴 테고, 어쩌면 누나는 화가 나서 답신도 안 할지 모른다. 나는 학교 숙제를 마치고 음악을 듣다가 다시 《팡세》를 펼쳤다. 이런 구절이 보였다.

하느님을 알지 못하면 분명히 행복이라는 것은 없다. 하느님에게 다가갈수록 우리는 행복하고, 최고의 행복은 하느님을 분명하게 아는 것이다. 하느님으로부터 멀어질수록 불행하고, 가장 큰 불행은 하느님을 알지 못하는 확신이다. 그러므로 의심하는 것은 불행이다. 그러나 의심 속에서 찾는 것은 필수적이다. 따라서 의심하면서도 찾지 않는 사람은 불행하고 불의한 자이다.

파스칼의 말이 딱 지금 나의 상태를 말해 주는 것 같았다. 그러나 한편으로 회의가 들기도 한다. 나는 내가 하느님 안에 있는 줄 알았다. 하지만 친구 원이가 떠나고 나서는 지금 이렇게 신을 찾고 있는 거다. 그래, 나는 모르니까 불행하다고 치자. 그러나 하느님을 모른다고 불행한 걸까? 파스칼의 말은 맞는 걸까? 세상 사람들은 하느님을 모르고도 잘 살고 있지 않은가. 그래도 파스칼이 의심하는 것은 불행이지만 의심 속에서 하느님을 찾는 건 필수적인 의무라고 했으니 조금은 위로가 된다. 의심하면서도 찾지 않는 사람은 불행하고 불의하다고 했다. 그럼 나는 행복한 것도 아니고 불행한 것도 아니란 말이 된다. 일단 중간은 되는 셈이다. 안심이 되었다.

하지만, 파스칼의 말이 마음속에 자꾸 맴맴 돈다. '하느님을 알지 못하면'이라는 말이다. 이 말이 좀 헷갈리고, 또 안다는 게 뭔지 새삼 궁금해졌다. 아직 중학생이긴 하지만, 갑자기 하느님이란 말, 신이라는 낱말이 낯설게 다가왔다. 정말 하느님을 안다는 게 뭔지. 아, 그럼 나는 신을 모른 채 교회를 다녀서 원이가 떠난 뒤에 이렇게 신을 찾아 나선 걸까? 신도 모르면서 신을 찾아 나선 게 아닐까? 아니, 신이 있다고 믿고 신을 찾아 나선 건 아닌지…… 생각해 보니 앞뒤가 맞지 않다. 갑자기 머리가 복잡해졌다. 이럴 땐 잠이 최고인데 잠도 오지 않았다. 《팡세》를 다시 잡았다. 책장을 뒤적였다.

갑자기 시끄러운 소리가 들렸다. 사람들이 문을 두드렸다. 잠에서 덜 깬 파스칼의 부스스한 얼굴이 보였다. 아, 다시 꿈속으로 들어온 것이다. 아침부터 들리는 요란스러운 말소리에 파스칼은 다소 귀찮은 표정을 지으며 긴 머리카락을 두 손으로 올리고 있었다. 문을 열어 주지는 않았다. 무슨 일이지? 파스칼은 궁금한 듯한 얼굴이었지만 이내 관심을 거두었다.

"파스칼 씨! 전에 당신이 제작한 계산기를 싼값에 살 수 없나요?"

파스칼은 자신의 긴 책상 한구석에 놓인 계산기를 물끄러미 바라보았다. 그는 엷게 미소를 짓더니 계산기를 들고 다른 탁자에 옮겨놓았다. 그러고는 책상 앞에 앉아 무언가를 끼적이기 시작했다. 나는 호기심이 발동해 그에게 다가갔다. 그는 여전히 나를 알아보지 못했다. 파스칼의 글씨는 너무 휘갈겨 쓴 탓에 전혀 알아볼 수 없었다. 물론 프랑스어라 애초에 읽을 수도 없지만……. 나는 눈만 깜박였다.

바깥의 소란이 잠잠해지자 누군가 문을 두드렸다. 파스칼은 이번에는 조금 밝은 표정이 되어 문 쪽으로 다가갔다.

"아, 오셨군요."

이미 누가 올지 알고 있었는지 파스칼의 얼굴이 환해졌다. 문을 열자 젊은 청년과 여인이 함께 들어왔다. 누굴까?

"파스칼 선생님, 안녕하세요. 아침부터 찾아와 죄송합니다."

"아, 아닙니다. 어서 오세요. 여기 앉으세요."

파스칼은 잘 알고 지내는 사람을 맞이하는 듯했다.

"자클린…… 얘기를…… 동생에게 들었습니다."

청년은 파스칼에게 말을 건넨 후 여동생에게 눈길을 돌렸다.

"조금 놀랐을 줄 압니다."

"예, 너무 당혹스러워서…… 죄송합니다만…… 이른 아침인데도 이렇게 찾아뵈었습니다."

도대체 무슨 이야기를 하는 걸까? 나는 귀를 쫑긋 세웠다. 답답했다. 이 사람들이 어떤 이야기를 할까 너무도 궁금해졌다.

"지난해에 아버님이 돌아가셔서 상심이 크셨겠습니다."

청년의 태도는 매우 예의 바르고 정중했다. 파스칼은 청년에게 고맙다고 인사를 했다. 젊은 파스칼이 나이 들어 보일 만큼 청년은 앳된 모습이었다.

"저, 제가 여동생과 찾아온 것은 다름 아니라…… 제 문제입니다."

청년은 파스칼에게 눈길을 주다 탁자에 놓인 계산기로 시선을 돌렸다. 무슨 말을 꺼내려는 걸까?

"자클린이…… 자클린이 수도원으로 들어갔다는 소식을 듣고, 왜 갑자기 그런 결심을 한 건지…… 저로서는 이해가 되지 않습니다."

청년의 눈빛이 초조함으로 떨리고 있었다. 어디서 본 듯한 얼굴이다 싶었지만 내가 프랑스 사람을 알 리는 없었다. 내가 아는 누군가를 많이 닮았다는 생각이 들었다. 파스칼을 바라보았다. 그는 고개

를 들지 않은 채 청년의 말을 들었다. 청년의 목소리가 조금 높아지
더니 이내 눈물을 흘렸다.

"오빠, 참으세요. 파스칼 선생님 앞에서 우시면 어떻게 해요."

곁에 있던 여동생이 청년의 어깨를 다독였다.

"나도 처음엔 자클린의 결정에 반대했어요. 그런데 자클린의 마
음속에는 이전부터 품어 온 소명 같은 게 있었던 것 같아요. 지난해
아버지가 떠나신 뒤로 더욱 그런 마음을 굳힌 게 아닌가 싶어요. 그
전에 그 애가 그런 결심을 내비쳤을 때는 나도 그냥 무심하게 지나쳤
는데 이렇게 결정을 내릴 줄 몰랐습니다."

파스칼이 말했다. 그러고는 조용히 청년의 말을 기다렸다.

"저는 하느님이란 존재를 잘 모르겠습니다. 자클린이 왜 신에게
헌신하고, 저와의 관계마저 끊은 채 아무 말도 없이 수도원으로 가야
했는지, 정말 알 길이 없습니다. 파스칼 선생님, 하느님은 누구입니
까? 어떤 분입니까? 저는 사실 신의 존재를 믿을 수가 없습니다."

파스칼은 청년의 말에 아무런 대꾸도 하지 않았다. 논쟁에서 누
구에게도 뒤지지 않는 사람이라 들었는데, 왜 아무 말도 안 하는 걸
까. 청년은 말을 계속 이어 갔다.

"종교 전쟁을 보십시오. 어떻게 같은 하느님을 섬긴다는 사람들
이 서로를 잡아먹지 못해 안달하고 30년이나 되는 시간 동안 싸울 수
있는지요. 그런데 자클린이 수도원에 들어간다니, 저는 이해할 수가

없습니다. 저와 한 약속도 있었는데, 어떻게 한마디 말도 없이……. 그렇게 제가 싫었던 걸까요?"

"아니요, 그런 건 아닐 겁니다."

파스칼이 드디어 입을 열었다. 그의 입에서 무슨 말이 나올지 궁금해서 나는 숨을 죽였다.

"사실, 나는 그날 잠을 이룰 수가 없었어요. 나와 누님, 그리고 여동생은 어느 오누이보다 우애가 깊었어요. 우리는 어머니 얼굴조차 모르고 자랐고, 아버지마저 떠나신 뒤에는 서로를 더 많이 의지하게 되었지요. 그날 아침 자클린이 일어나지 않기에 혹시 아픈 건 아닌가 싶어 문을 열었는데 여전히 잠들어 있었답니다. 인기척을 느꼈는지 몇 시냐고 묻더군요. 그러더니 여느 때와 다를 바 없이 일어났어요. 그러고는 옷을 갈아입고 떠났습니다. 우리는 작별 인사다운 작별 인사도 못 했어요. 아니, 나는 하나뿐인 누이동생의 뒷모습을 볼 용기가 없었던 건지도 몰라요. 이제 나와는 다른 세계로 떠나는구나 싶었습니다. 상실감이란 이루 말할 수 없었지요."

"저는 모르겠습니다. 신이 어떤 존재이기에 자클린을 제게서 데려갈 수 있나요? 파스칼 선생님은 신을 믿으십니까? 아니, 선생님은 신의 존재를 증명하실 수 있습니까? 그 신이 자클린에게 그토록 절대적인 존재입니까? 선생님은 하느님을 아십니까? 우리가 과연 신을 알 수 있는 걸까요? 만일 그렇지 않다면 자클린은 헛것을 붙잡고 있는 건 아닐까요?"

청년의 목소리가 높아졌다. 물론 예의는 잃지 않았다. 나는 파스칼의 눈이 잠시 서늘해진 것을 느꼈다. 그의 대답이 궁금해졌다.

"하느님에 대한 형이상학적 증거……. 나에게 많은 분들이 질문하곤 하죠. 하느님의 존재에 인간의 이성으로 다가갈 수 있을까요? 나는 하느님을 증명할 수 없다고 생각합니다. 자클린은 종교적 체험이라고 할 만한 내적인 사건을 겪었어요."

"아니요, 저는 파스칼 선생님께 질문하는 겁니다. 선생님은 그래도 과학과 수학의 천재라고 불리잖습니까. 선생님 같은 분이 신을 아무 이유 없이 믿지는 않으실 테니까요. 계산기도 제작하지 않으셨나요? 검증되지 않은 것은 믿지 않으시는 분이라 알고 있습니다."

아, 언젠가 수학 선생님한테서 배운 기억이 났다. 파스칼이 세계 최초로 계산기를 발명했다는 것 말이다. 선생님 말씀에 따르면 파스칼은 계산기를 발명한 뒤로 사람들 때문에 적잖이 골치를 앓았다. 워낙 새로운 계산기를 만들어서인지, 이를 보고 욕심이 난 어떤 장인(匠人)이 파스칼의 계산기와 아주 비슷한 짝퉁을 만들었고, 파스칼은 이 때문에 화가 났다고 한다. 물론 계산기에 '오베르뉴 출신의 발명가 블레즈 파스칼'이란 꼬리표가 붙은 특허도 따내고 상품화도 했다. 다만 가격이 비싼 탓에 큰 성공을 거두지는 못했다고 들었다.

그런데 나는 청년의 질문이 좀 공격적이란 생각이 들었다. 파스칼은 고개를 끄덕이며 잠시 침묵을 지키다 말했다.

"나는…… 어떤 중개자, 그러니까 하느님과 우리 사이를 이어 주는 중개자 없이는 하느님을 알 수 없다고 믿습니다. 그 중개자가 예수 그리스도죠. 자신의 비참을 모르는 채 하느님을 아는 것은 오만을 낳는다고 생각하고요. 하느님을 모르고 자신의 비참을 아는 것은 절망을 낳지요. 예수 그리스도를 아는 것은 그 중간 상태를 만들어 내는데…… 우리가 거기에서 하느님과 우리의 비참, 나의 비참을 발견하기 때문입니다."

파스칼의 목소리가 조금 떨리고 있었다. 파스칼의 말을 들은 청년은 단호하게 말했다.

"저는 신이 없어도 이 세상을 살아가는 데 지장이 없다고 생각합니다."

6

세상은 잘 돌아간단다, 신이 없어도

"령아 일어나!"

　엄마가 문을 두드리는 소리가 들렸다. 나는 이불을 뒤집어썼다. 좀 더 꿈을 꾸고 싶었다. 잠을 깨운 엄마가 원망스러웠다. 아, 엄마가 조금만 더 늦게 깨웠어도 파스칼의 대답을 들을 수 있었을 텐데. 아쉽지만 이미 엎질러진 물. 파스칼이 등장하는 꿈을 꾸고 나면 꿈이 현실인지 현실이 꿈인지 헷갈렸다. 더더욱 이상한 것은 파스칼의 《팡세》를 읽다가 잠든 밤이면 꼭 꿈을 꾼다는 점이다. 마치 파스칼이 나를 꿈으로 초대하는 것만 같았다. 아, 정신 차리자. 그런데 꿈에서 깬 뒤에도 파스칼을 찾아온 청년이 던진 마지막 말이 자꾸 마음속에서 떠나지 않고 맴돌았다.

　"저는 신이 없어도 이 세상을 살아가는 데 지장이 없다고 생각합니다."

　아, 그래, 나는 신을 믿었잖아. 아니, 엄마가 기도해서 낳은 자식이라고 했으니 태어날 때부터 나는 신을 믿어야 했던 걸지도 모른다.

하지만, 신을 믿는다고 해서 내가 남들보다 더 도덕적으로 살아온 것
도 아니었잖아. 오히려 신을 믿지 않았던 원이가 남을 더 도우면서
예수님처럼 착하게 살았지. 나야 뭐 원이에 비하면……. 아, 아침부
터 이런저런 물음이 또 스멀스멀 올라온다. 요즘 점점 생각이 많아지
는 건《팡세》를 뒤적거린 탓인 듯하다. 아니다. 그래도 나는 선우와
함께 신을 찾기로 하지 않았던가. 무신론자인 선우와의 약속을 잊지
말자. 나는 다시금 마음을 다잡았다. 신이 없어도 이 세상을 살아가
는 데 지장이 없다…….

　나는 궁금증이 생겼다. 전에도 내 당돌한 질문을 잘 받아 주신
과학 선생님이 생각났다. 선생님은 엉뚱한 질문을 해도 진지하게 들
어 주셔서 아이들이 좋아했다. 나도 선생님을 따랐다. 학교와 학원을
돌고 나서 집으로 돌아온 나는 선생님께 바로 메일을 드렸다. 신이
없어도 세상을 살아가는 데 정말 지장이 없는지 말이다. 궁금한 건
못 참는 내가 아닌가. 선생님이 빨리 답신을 주시길 기다렸다. 자정
이 안 되어 메일을 읽으신 걸 확인했다. 어떤 답변을 주실까. 내심 기
대가 되었다.

　아, 령아, 반갑다. 왜 학교에서 직접 물어보지 그랬니? 그래,
시간이 없었겠지. 우선 그런 질문을 주어 고맙구나. 이렇게 말
하면 이상하게 들릴 것 같은데, 선생님은 왠지 모르게 나무를

세상은 잘 돌아간다, 신이 없어도

6

바라보거나 산에 가면 마음이 편안해지더라. 김현승 시인이 〈나무〉란 시에서 '하느님이 만드신 것들 중 자연 안에서 사람에게 가장 가까운 것이 나무'라고 했는데 정말 공감했어. 나무가 친구 같고. 나는 인격적인 신을 믿지 않아도 충분히 이 세상을 행복하게 살아갈 수 있다고 생각한단다.

스칸디나비아반도 사람들 있지? 덴마크, 스웨덴, 노르웨이 등 복지 국가에 사는 사람들은 신이 없이도 별문제 없이 잘 살아간다고 해. 절대적인 존재에 의존하지 않고도 합리적인 방식과 제도로 사회를 잘 운영하는 거지. 아니, 오히려 종교에 매이지 않으니 사람들이 서로 알아서 폭력을 막고, 사회 안전망을 만들어 내고, 힘들지만 그렇게 절차를 거쳐 사회를 개선해 가거든. 나도 이런 이야기를 책에서 읽고, 또 그곳에 다녀온 분들한테서 듣고 부러웠단다. 공감도 했고. 종교를 남용하고 자기들 멋대로 해석해 사람들을 무지하게 만드는 건 물리적인 폭력을 행사하는 것보다 더 큰 죄라고 생각해. 그냥 종교에 지나치게 의존하지 않고, 일상을 행복하게 가꾸며 살아갈 순 없을까?

신을 믿는다고 꼭 종교적인 것 같지는 않아. 특정 종교에 속한 사람들이 오히려 비종교적인 경우도 많고, 종교에 몸담지 않은 사람보다 인격적으로 더 훌륭한 것 같지도 않고. 종교적인 것이 일상 속에서 거룩하고 성스러운 것을 경험하는 것과 다르지 않다면 나는 내가 종교적이란 생각이 드는구나. 나는 과학을 통해서도 우주가 얼마나 질서와 조화를 이루는지 느끼고 감동할 수 있다고 믿는단다. 처음 과학을 공부하기로 마음먹었을 때, 아인슈타인의 책을 읽은 적이 있어. 그때가 아마고등학생 때였을 거야. 그런데 말이다. 아인슈타인이 종교에 대해 말한 걸 읽고 얼마나 가슴이 뛰었는지. 생각해 봐. 아인슈타인 같은 위대한 과학자가 나와 거의 비슷한 생각을 했다니 말이야. 아, 령아, 미안하구나. 선생님과 한번 만나서 이야기하자꾸나. 내일 금요일 방과 후에 시간 나니까 괜찮으면 교무실에 잠시 들러 주렴. 그럼 잘 자고!

선생님께 감사의 답신을 보냈다. 역시 선생님은 친절하시다. 그런데 선생님은 신 없이도 세상이 잘 돌아간다고 믿으신다. 선생님은 애써 신을 찾지 않아도, 종교 없이도, 종교적인 것을 소중하게 생각하신다. 우주가 조화를 이루고 있다는 것만으로도 감동한다고 하신다. 선생님의 메일을 읽고 나니 머리가 더 복잡해졌다. 선우에게 문자를 보냈다. 선우는 오히려 내 반응에 놀랐다며 답신했다.

'령아, 나도 그렇거든. 난 오히려 선생님과 같은 생각에 공감해 왔어. 하지만 원이가 떠난 후에 생각이 조금 바뀌었어. 그건 너도 알

세상은 잘 돌아간다, 신이 없어도

6

잖아. 그래서 함께 신을 찾아 나서기로 한 거고.'

'선우야, 그럼 내일 선생님이 학교 수업 마치고 잠시 보자 하시는데 나랑 같이 갈래?'

'음, 하지만 난 학원에 가야 하는데⋯⋯.'

'하루 빠지면 안 되니?'

'알았어. 엄마한테 말씀드릴게. 학교 선생님과 면담 있다고 말씀드려 놓을게.'

'응, 미안.'

'뭘, 괜찮아. 우리한테는 풀어야 할 숙제가 있잖아. 신을 찾아가는 여행이라 생각해. 선생님이 어떻게 말씀하실지 궁금하기도 하고.'

'신을 찾아가는 여행? 와, 멋진 말이다!'

교무실은 썰렁했다. 퇴근하지 않은 선생님들이 보였다. 과학 선생님이 책상에 쌓인 서류를 정리하고 계셨다.

"선생님!"

우리가 부르는 소리에 선생님은 손을 흔들어 보이셨다. 선생님은 원래 물리학을 전공하셨다고 한다. 뜬금없지만 우리는 선생님이 물리학을 전공하고 과학 선생님이 되신 까닭이 궁금했다. 당장 우리는 신을 찾아가는 여행을 하고 있었는데 이야기가 조금 다른 데로 뻗어 나갔다.

"배고프지? 시간이 애매하네. 뭐 좀 먹어야겠지?"

"아, 아니에요. 선생님, 괜찮아요."

선생님은 과학 전공자 같지 않았다. 우리는 과학을 공부한 사람에 대한 선입관을 좀 갖고 있었다. 뭐랄까, 차가울 것 같다고 할까. 냉정하고 객관적인 것만 따지는 그런 사람. 그런데 선생님은 이런 예상을 확 뒤집었다. 제자들이 다가가면 항상 다감하게 챙겨 주셨다. 오늘도 서랍에 들어 있던 과자를 꺼내어 접시에 담아 주셨다.

"미안, 이것밖에 줄 게 없어서……. 그래, 령이가 보낸 메일도 잘 읽었어. 모처럼 학교 수업과 관련 없는 질문을 받아 좋았단다. 맨날 시험 문제와 관련된 질문만 받다가 령이가 보내 준 메일을 읽으니 처음 교사로 부임했을 때 생각이 나더구나."

선생님 눈빛이 조금 감상에 젖은 듯했다. 왠지 오늘 선생님이 우리 얘기를 잘 들어 주실 것 같았다. 우리는 먼저 궁금한 것부터 여쭈었다. 선생님이 왜 과학을 선택했는지 궁금했다.

"아마 집안에 목사와 스님이 있어서였나 봐."

"예?"

우리는 깜짝 놀랐다. 목사? 스님? 어떻게 전혀 다른 종교인들이 한 집안에 있는 걸까. 기독교와 불교라는 전혀 다른 종교에 속한 분들이 집안에 있다니 신기했다(아, 그리고 보니 우리 집도 그렇다. 아빠는 불교, 엄마는 기독교. 그런데 아빠는 엄마를 따라 가끔 교회에 나가시기도 한다). 선생님이 과학을 공부하셔서 집안사람들도 대체로 과학적인(?) 배경을 갖고 있을 줄 알았다. 선생님은 수업 시간에 사생활이나 가족 이야기를 삼가셨다. 그러고 보니 우리는 선생님의 사적인 이야기를 전혀 들어 본 적이 없었다.

"응, 아버지도 목사고 큰아버지도 목사란다. 그런데 작은아버지는 법학을 공부한 뒤에 승가 대학을 들어가셨고, 후에 스님이 되셨어. 좀 특이하지?"

"예, 선생님!"

"다들 종교 생활에 젖은 분들이었어."

"아, 선생님, 저희는 처음 들어요. 전혀 몰랐어요."

"당연하지. 그런 이야기를 한 적도 없고, 무엇보다 수업 시간에 과학 외에 다른 얘기는 섞고 싶지 않았단다. 너희에게 더 혼란을 줄까 봐."

"선생님, 궁금한 게 있는데, 왜 과학을 전공하셨어요?"

"그런 질문을 많이 하더구나. 친척 중에 기독교와 불교 쪽 분들이 다 있는 것도 신기하게 생각하고."

"예, 궁금해요."

"종교…… 사실 종교는 내게 너무 익숙한 세계여서 멀리하고 싶은 마음이 없지 않았단다. 어릴 적부터 종교적인 집안 분위기에 둘러싸여 있다 보니 가끔 숨이 막히기도 했고. 그런데, 고등학생 때 우연히 〈흐르는 강물처럼〉이란 영화를 봤어. 그 영화의 내레이터(폴의 형 노먼)가 이런 말을 하더구나. '우리 가족은 종교와 낚시에 뚜렷한 경계선이 없었다.' 아, 이 말이 내게 얼마나 신선하게 들렸는지 모른단다. 화면에 펼쳐진 아름다운 몬태나의 자연 풍경, 계곡 사이로 플라이 낚시를 하는 모습! 엄격한 장로교 목사인 아버지가 설교 후에는 두 아들과 플라이 낚시를 즐기는 모습이 너무 멋있었어. 그 장면들을 보면서 어떤 자유로움을 맛보기도 했단다."

선생님 목소리가 조금 높아졌다. 선생님이 환하게 웃으셨다.

"선생님, 그럼 그 영화를 보시고 나서……."

"아, 그래. 종교 없이도 세상을 살아갈 수 있겠구나 하는 생각이 들었지. 그리고 종교적인 것이 종교에 갇힐 수는 없다는 생각도 들었어."

"예?"

선우와 나는 서로를 쳐다보았다. 종교적인 것이 종교에 갇힐 수는 없다는 게 무슨 뜻이지?

"아, 그래. 령아, 선우야, 음…… 종교적인 것과 종교란 말이 헷갈려서 그러는 거지?"

"예, 선생님, 잘 이해가 되지 않는데요."

"나는 그 전까지 자연은 신의 선물이다, 신의 창조물이다, 이렇게 배우고 자랐어. 그런데 영화 속의 목사는 예배를 마치고는 다른 말을 하지 않고 두 아들을 강으로 데려가는 거야. 그리고 말없이 함께 플라이 낚시를 해. 그리고 펼쳐지는 아름다운 계곡의 장면……. 아, 종교적인 설명 없이도 우주와 자연은 있는 그대로 이렇게 아름다울 수 있구나, 그런 생각이 머리를 스쳤어. 자연의 아름다움! 영화를 보는 내내, 나는 종교적인 것이 꼭 종교 안에만 갇혀 있는 게 아니라는, 작은 깨달음을 얻게 되었단다."

나와 선우는 함께 고개를 끄덕였다. 선생님이 갑자기 과학자가 아니라 도인이나 예술가처럼 보였다. 하지만 신을 찾는 우리는 선생님께 좀 더 구체적인 말씀을 듣고 싶었다. 이야기가 이러다 곁길로 새는 거 아닐까? 우리가 선생님을 잘못 찾아온 건 아닐까? 나는 선우를 바라보았다. 선우가 알았다는 듯 고개를 끄덕였다.

"선생님 말씀 멋져요! 저도 공감해요. 언니와 제가 시골에 살았거든요."

"아, 그러니?"

"예, 어렸을 때부터 산과 계곡을 돌아다니며 지냈어요."

"오, 그렇구나. 뜻밖인데."

"그런데 선생님, 이런 질문을 드리면 황당하실지도 모르겠는데요……."

"괜찮아. 말해 봐."

선우는 우리가 신을 찾게 된 내력을 과학 선생님께 짤막하게 말씀드렸다. 선생님의 낯빛이 갑자기 어두워졌다. 선생님은 책상 쪽으로 고개를 돌리고는 눈을 감았다가 떴다.

"그래, 원이 일은 잘 알고 있지. 그런데 너희 둘이 지금 신을 찾겠다는 거니? 왜 그런 무모한 모험을 하려고 하니? 어떤 물리학자도 우주는 신을 필요로 하지 않는다고 했어.[2] 물론 DNA 나선 구조를 연구하다 신이 아니면 이런 기막힌 구조를 창조할 수 없다며 신을 믿게 된 과학자도 있긴 하지.[3] 파스칼?《팡세》를 읽고 있다고? 파스칼은 과학의 천재였지. 그러나 신 앞에 무릎을 꿇었고. 나는 파스칼이 너무 극단적인 선택을 했다고 생각한단다. 그런 종교적 경험을 너무 일반화시켜선 안 된다고 생각해. 물론 파스칼의 종교적 회심 사건을 무시하는 건 아니지만."

선생님의 목소리가 높아졌다. 처음이었다.

"하지만, 그건 지극히 개인적인 경험일 뿐이야. 신이 없어도 이 세계는 설명될 수 있어. 우주와 자연의 법칙만 알아도 우리는 잘 살아갈 수 있지. 왜 굳이 알 수 없고, 보이지도 않는 신을 찾으려고 하지? 종교성과 신이 꼭 연결될 필요가 있을까? 무신론자가 종교적일 수도 있단다. 이걸 종교적 무신론이라고 해. 안타까운 건 지적 설계론과 같은 이론이야. 어떤 지적 존재가 우주와 세계를 설계했다고? 지적 존재도 알고 보면 신의 다른 이름일 수 있어. 아, 그렇다고 내가 너희 생각을 무시하는 건 아니야."

"예, 선생님, 알아요. 저희도 답답해서 선생님을 찾아온 거예요. 선생님, 정말 궁금한 게 있어요."

"응, 그래. 나도 모르게 목소리를 높여서 미안하다. 편히 물어 보렴."

"선생님, 왜 세상에는 고통이 존재할까요? 왜 아무 죄 없는 사람이 고통받거나 죽는 걸까요? 왜 누군가는 그렇게 고통을 받아야 하는 건지……. 선생님 말씀대로 물리 법칙만으로 충분하다면, 선생님은 세상에서 고통받는 사람이나, 세상의 악에 대해서는……."

질문을 들어 주시던 선생님 낯빛이 잠시 굳어졌다.

"아, 무슨 말인지 알겠다. 왜 세상에는 악이 존재하느냐고 묻는 거지? 우주와 자연의 조화로움만 말하면 세상의 악을 어떻게 설명할 수 있는가, 이 질문 같은데?"

우리는 고개를 끄덕였다. 선생님이 갑자기 일어나셨다.

"애들아, 나가자! 학교 앞 카페에 가자. 거기서 좀 더 이야기를 나눠 보자꾸나."

"예, 선생님!"

선우와 나는 신이 났다. 역시 과학 선생님은 우리를 잘 이해하고 배려해 주신다.

카페에 들어섰다. 커피 향이 풍겨 왔다. 대학생으로 보이는 형과 누나들이 노트북으로 강의 영상을 보며 공부하고 있었다. 선생님은 커피를 주문했고 우리는 주스를 마셨다. 주위를 둘러보며 커피를 마시는 선생님 모습이 멋졌다. 학교에서 보던 모습과는 달랐다. 선생님은 의자를 끌어당기고는 우리에게 못다 한 이야기를 이어 가셨다.

"자, 먼저 아까 하다 만 이야기부터 할게. 고통과 악에 대해 질문하는 건 인간밖에 없을 거야. 그래서 인간은 고통스럽지. 고통스럽다고 의식을 하니까. 자연대로 살면 되는데, 자의식을 갖고 있어서 반성하고 질문을 하거든. 어떤 기독교인들은 신의 이름으로 모든 고통과 악을 정당화하기도 해. 현실 속에서 도덕적 악과 물리적 악이 어긋나는 걸 어떻게든 정당화해 보려고 하는 거지. 하지만 칸트는 물리적 악과 도덕적 악을 구분해. 질병과 죽음 등 물리적 악은 우리가 어찌할 수 없는 것이지. 그런 물리적 악이라는 자연의 사실을 도덕적 악과 무리하게 연결해서는 안 된다고 봐. 칸트는 물리적 악과 도덕적 악 사이에는 필연적인 관계가 없다고 봤어. 도덕적 악은 인간에게 책임을 물을 수 있지만, 물리적 악은 도덕적인 것과 아무런 관계가 없다는 거지. 그런데 현대 의학으로 고칠 수 없는 병을 타고난 이들도 있고, 사회 속에서 사람과 관계, 불평등으로 인해 생겨나는 고통도 있어. 고통의 모습도 다양하고 그만큼 악의 현상도 다양한 거야. 나치가 유대인들을 상대로 일으킨 홀로코스트 알지?"

"예, 선생님!"

역사 시간에 들은 적 있어 나와 선우는 자신 있게 대답했다.

"아도르노라는 사상가가 아우슈비츠 이후에도 서정시를 쓸 수 있는가 물은 적이 있어. 우리는 더 이상 세상의 아름다움을 말하는 시를 쓰기 어렵게 되었다는 것이지. 이건 신의 존재에 대한 물음과도 이어져. 신이 창조한 세계가 파괴된 거잖아. 하느님의 형상이라는 인간이 세상을 망가뜨려 놓았잖아. 신이 계시다면 어떻게 이런 일이 있을 수 있을까. 전쟁을 통해 사람들은 신을 잃어버렸다고 할까. 인간의 고통과 악에 눈감은 신은 과연 존재한다고 할 수 있을까? 나는 너희의 물음에서 신이란 명사만 빼 버리면 좋겠어. 령이와 선우는 신을 놓지 않고 있는 것 같아. 어때? 내 말 틀리니?"

"아니요, 선생님 말씀이 맞아요."

"자, 신만 빼 보자. 왜 세상에는 고통이 존재하고, 악이 존재하는가? 원이가 교통사고로 떠났어. 선생님도 너무 마음이 아파. 그런데, 원이가 어린 나이에 세상을 떠난 것은 운전자의 실수 때문이었어. 그런데 너희는 그날 원이를 불러내지 않았다면 원이가 살았을 거라며 자책했지. 그 죄책감 때문에 왜 선한 사람이 고통을 받거나 죽어야 하는가를 묻고, 나아가 신이 존재한다면 어째서 이런 일이 일어나는가를 묻게 된 거잖아. 자, 신이 존재한다고 치자. 그럼 세상에서는 악과 고통이 완전히 사라질까? 그런 세상이 과연 좋은 세상일까?"

우리는 선생님의 말씀에 빠져들었다. 선생님이 이렇게 말씀을 길게 하시는 것을 본 적이 없었다.

　"결론부터 말할게. 나는 신의 존재를 믿지 않아. 이 세상에서 일어나는 모든 일의 원인, 아니, 악과 고통의 원인을 신이라는 한 존재에게만 묻는다는 것을 받아들일 수가 없단다. 물리학만 아니라 생물학도 공부하면서 나는 진화론의 입장에 서게 되었지. 어떤 인격성을 띤 존재를 믿기가 어려워졌어. 물론 지금은 신에 대한 이해가 달라졌다고 하지만……. 나는 오히려 신의 존재를 전제하면 인간의 고통과 악의 문제는 여전히 풀 수 없는 난제가 되어 버린다는 생각이 든단다.

　가령 라이프니츠 같은 철학자는 악을 선의 결여로 보았지. 악을 최선의 가능한 세계를 위한 수단, 신의 창조 목적을 위해 필요한 수단으로 보았단다. 신이 세상의 악에 대해 책임을 져야 하는 거 아니냐고 물으면 라이프니츠는 이렇게 말할 거야. 악의 존재가 신의 의지에 역행하는 건 아니라고. 라이프니츠는 신을 모든 것의 근원적인 원리로 보기 때문에 그렇게밖에 말할 수 없어. 다시 말해 신을 최상의 존재라고 믿지. 그러니까 결국 최상의 존재가 최선의 방법으로 모든 존재를 주관한다는 낙관론을 펼치게 된단다. 알고 보면 그는 죽으나 사나 신의 변호인인 셈인 거야. 이걸 변신론(辯神論) 또는 신정론(神正論)이라고 부른단다. 그러나 나는 이런 주장에 비판적 관점을 갖고 있어. 인간이 겪는 고통과 악의 현상도 모두 인간이 풀고 해석해야지, 알 수 없는 신적 존재에 의존하거나 인간 밖에서 원인을 찾는다면 문제를 더욱 어렵게 만들 뿐이야."

이해가 될 듯 안 될 듯했지만, 고통과 악에 대한 선생님의 설명을 듣고 우리가 물리적 악을 도덕적 악과 뒤섞어 버리는 경우가 많다는 것을 알게 되었다. 하지만 감당할 수 없는 고통을 겪고 악을 경험한 사람이라면 신 또는 신적 존재가 자신들의 삶을 회복시켜 주길 바라는 마음을 품을 수밖에 없지 않을까? 우리는 선생님의 말씀에 고개를 끄덕였지만 여전히 의문은 남았다.

"선생님, 그럼 신이 있다고 가정할 때, 신은 왜 고통과 악을 허용하는 걸까요?"

"그래, 신이 있다고 하자. 그런데 기독교에서는 우리 인간에게 자유 의지가 있다고 하지. 나는 그 점이 중요하다고 생각해. 세상에서 인간이 겪는 고통과 악은 신이 인간을 로봇처럼 만들지 않고 자율적 의지를 가진 존재로 만들었기 때문에 생기는 것 아닐까."

"선생님, 잘 이해가 안 되는데요."

"응, 이런 뜻이야. 우리는 자유 의지를 가진 존재이기에 선도 악도 행할 수 있다는 거지. 우리가 완전한 선과 완전한 악을 지녔다면 우리는 결정론에 빠지게 되거든."

"아, 그렇군요."

"어떤 목사님이 그러더구나. 신이 부모라면, 부모는 자식이 스스로 판단하고 자기 행위에 책임지는 성숙한 어른이 되길 바란다고. 마찬가지로 신이 인간을 창조했다면 인간이 성숙한 존재가 되길 바랄 거란 생각이 들어. 그런 과정에서 벌어지는 게 인간이 만들어 낸 악과 고통이 아닌가 싶고."

선생님은 커피를 마시면서 짧은 숨을 내쉬었다. 미간이 좁혀지는 선생님 얼굴에 그늘이 드리워졌다. 그러나 잠시 후 선생님은 딱딱해진 분위기를 바꾸려는 듯 웃으며 물으셨다.

"그런데, 나도 질문을 좀 하자. 하하, 나만 답변하는 것 같구나. 그래, 너희는 신을 찾을 수 있다고 정말 믿는 거니?"

나는 내가 숨은 신이라는 닉네임을 가진 천사와 메일을 주고받는다는 사실을 선생님께 말씀드릴 수 없었다. 죽을 때까지 지켜야 할 비밀처럼. 선우가 내게 눈짓을 보냈다. 나는 고개를 끄덕였다.

"예, 선생님…… 황당하게 들리실지 모르겠지만…… 신을 찾을 수 있다고 믿어요."

내가 찬물을 끼얹은 것 같았다. 뜻밖에도 선생님은 웃지 않으셨다. 내가 뭘 잘못 말한 걸까. 분위기가 다시 무거워졌다.

"그럼 령아, 신을 찾는다는 건, 신이 어딘가에 있다는 믿음이 있기 때문에 찾는 거 아닐까? 찾는 건 찾는 대상이 존재한다고 믿어야 가능하잖아."

"예, 선생님. 그런데 저는 숨은 신을……."

세상은 잘 돌아간다, 신이 없어도

"숨은 신?"

"예……."

"신이 보인다면, 우리는 신을 관찰의 대상으로 보게 될 수도 있어. 신이 관찰의 대상이 된다면 자연 과학의 영역으로 떨어지지 않을까? 내가 신의 존재를 믿지 않는다고 해서, 신이 없다고 단언하는 건 아니야. 증명할 수 없는 명제라는 생각이 들 뿐이지. 알 수 없는 영역으로 남겨 둔다고 할까. 하느님이 어디 계시냐고 사람들이 물었을 때, 예수는 나를 본 자는 아버지를 보았다고 말씀하셨다지? 신이 있다고 치자. 하지만 신이란 어떤 사물처럼 존재하는 대신, 자연에도 깃들어 있고, 사람에게도 깃들어 있다고 할 수는 없는 걸까?"

"그럼 선생님, 신이 사라지는 건 아닐까요?"

"왜?"

"그래도 신은 인간이나 사물, 자연과는 완전히 다른……."

"아, 신이 자연이나 세계 안으로 들어오면 사라진다고 생각하니?"

"예, 신은 완전히 다른 존재가 아닐까요?"

선생님은 내 질문을 듣자마자 잠시 카페 천장을 바라보셨다. 그러고는 눈을 감았다.

"령아, 내가 오늘 마무리 짓지 못한 일이 조금 있구나. 다음에 다시 얘기하면 어떨까?"

나는 선생님과 이야기를 더 나누고 싶었다. 선생님의 솔직한 말씀을 더 듣고 싶었다. 하지만 일이 있다고 하시니 어쩔 수 없었다.

"예, 선생님, 오늘 말씀 감사합니다."

"그래, 이제 머리 아픈 이야기는 그만하고 주스를 좀 마시렴. 나는 먼저 일어날게."

선생님과 헤어지고 나서 우리는 말이 없어졌다. 선생님 말씀을 듣고 보니 더 헷갈렸다. 답답해졌다. 우리가 믿고 존경하는 선생님 말씀이기 때문이기도 하지만, 들을수록 귀가 솔깃했다. 알 듯 모를 듯하지만 맞는 말씀 같았다. 그런데 선우의 얼굴빛이 갑자기 어두워졌다.

"선우야, 무슨 일 있어?"

"어, 아니. 령아, 미안한데 나중에 보자!"

선우가 핸드폰에 급히 문자를 남기더니 곧장 밖으로 달려갔다. 집안에 무슨 큰일이라도 생긴 걸까.

[2] 스티븐 호킹, 《호킹의 빅 퀘스천에 대한 간결한 대답》(배지은 옮김, 까치, 2019)

[3] 프랜시스 S. 콜린스, 《신의 언어: 유전자 지도에서 발견한 신의 존재》(이창신 옮김, 김영사, 2009)

7

마음으로
느끼는 거야

집 가까운 공원까지 걸어오는데 뭔가 멍한 느낌이 들었다. 내가 뭘 하려는 거지? 신을 찾는다? 내가 지금 정신이 있는 걸까? 떠난 원이가 웃지는 않을까? 갑자기 허탈감이 밀려왔다. 죄다 그만두고 싶었다. 과학 선생님 말씀이 구구절절 맞는 것 같았다. 우리가 괜히 헛짓을 하고 있는 건 아닐까?

"공 좀 주세요!"

초등학생 아이들 목소리가 들렸다. 공원에서 공을 차고 있던 모양이다. 나는 아이들을 향해 오른발로 살짝 공을 찼다.

"고맙습니다!"

공원 의자에 앉았다. 아이들의 노는 모습을 물끄러미 바라보았다. 아이들은 내가 던진 것과 같은 질문을 하지 않겠지. 아니야, 꼭 그렇진 않을 거야. 나도 어렸을 때 엄마한테 하느님이 어디 있느냐고 물었다고 엄마가 말한 적이 있잖아. 예수님은 어린아이 같아야 천국에 간다고 했지. 나도 모르게 웃음이 나왔다. 집에 돌아와 방으로 들어가려는데 엄마가 불렀다. 엄마는 독서 모임에 나오는 지인들과 카톡으로 메시지를 주고받고 계셨다. 나를 보던 엄마의 시선이 식탁으로 향했다. 밥 차려 놓았으니 먹어라. 입맛이 없어요. 엄마와 나는 눈으로 대화를 나누었다.

돌덩어리가 가슴에 들어앉았다고 하는 말이 이런 거로구나. 답답했다. 책상에 올려놓고 나간 《팡세》가 펼쳐져 있었다. 표지의 파스칼 초상화가 조용히 미소를 짓고 있는 듯했다. 나는 나의 무모한 계획을 포기하고 싶어졌다. 파스칼 선생님! 내가 지금 어떻게 해야 하죠?

컴퓨터를 켰다. 교실 내 CCTV 설치 여부에 관한 찬반 논쟁 발표를 함께 할 친구들이 보낸 자료를 확인했다. 재미없는 주제로 발표를 하려니 능률도 오르지 않았다. 아니, 그보다는 찬성 의견 아니면 반대 의견으로 편을 갈라, 진짜 내 생각과는 관계없이 발표해야 한다는 게 싫었다. 이번 주제에 대해 나는 부분적으로만 찬성하는 입장이었다. 교실에서 폭력을 당해도 증명할 길이 없다면 너무 억울할 것 같아서였다. 물론 이 문제가 생각만큼 간단한 건 아니다. 그런데 발표에서는 어찌 된 일인지 반대 입장에 서게 되었다. 반대 의견을 지지할 사람이 부족해서라고 했다. 말이 안 된다.

혹시…… 숨은 신으로부터 도착한 메일이 있을까? 메일함에는 며칠 사이 확인하지 못한 메일들이 쌓여 있었다. 숨은 신이 보낸 메일이 있는지 서둘러 찾았다. 아, 다행이다. 어제 날짜로 도착한 메일이 보였다. 오늘처럼 숨은 신이 보낸 메일이 반가운 적이 있었을까. 어떤 말을 썼을지 궁금했다. 숨은 신, 제발 내 답답함을 풀어 주세요.

령, 오늘 과학 선생님을 만났더구나.

와! 첫 줄을 읽자마자 환호했다. 역시 숨은 신이다.

과학 선생님이 좋은 분인 거 같네. 다만 숨은 신 이야기를 하실 때, 숨어 있다는 것을 단순히 보이지 않는 것으로 말씀하신 것 같았어. 신이 보이는 대상이 되면 관찰의 대상으로 떨어진다고 하셨지? 맞는 말씀이기도 하고 아니기도 하지. 하지만 신이 숨어 계시다는 것이 무엇을 뜻하는지 설명해 주셨으면 좋았을 거야. 하느님은 세상 속에 계시면서 세상 속에 갇히지 않는 분이지. 하느님이 세상에 계시다고 한다면 세상 속에만 하느님의 나타나심을 가두어 버리게 될 수 있어. 또 세상 밖에 계시다고 하면 하느님의 초월성만을 강조하는 셈이 되고. 하느님이 당신을 드러내는 길은 여러 가지야. 령이 너도 기억할 거야. 파스칼이 이런 말을 했지. 이성적이라고 부를 만한 사람은 두 종류라고. 하나는 신을 알기 때문에 온 마음을 다해 신을 섬기는 사람들이고, 다른 하나는 신을 알지 못하기 때문에 온 마음을 다해 신을 찾는 사람들이라고.

숨은 신의 메일을 읽는데 의문이 생겼다. 그럼 하느님은 왜 자신을 숨기시려는 걸까? 다시 물음이 꼬리를 물고 이어졌다. 아니야, 숨긴다? 이런 생각도 사람이 만든 거 아냐? 신이 뭘 숨길까? 숨는다, 숨긴다, 신이 들으면 웃겠다. 또 머리가 아파졌다. 나는 습관처럼 《팡세》를 집어 들었다. 그리고 곧 잠이 들었다.

파스칼은 여전히 자클린을 사랑했던 청년과 이야기하고 있었다. 다행이다. 지난번에 이어지는 대화인 듯싶었다. 나는 답답했다. 무슨 말을 하는 걸까. 그때 귀에 들려오는 말이 있었다. 귀를 기울여 들어보니 《팡세》에서 읽은 말이었다.

"하느님은 숨어 계시기를 원하시는 분입니다."

청년은 '이게 무슨 말이지?' 하는 표정이었다. 금세 눈빛이 달라졌다.

"파스칼 선생님! 왜 자꾸 제게 이해할 수 없는 말만 하십니까? 과학의 천재라고 명성이 자자하던 분이 왜 이렇게 합리적이지 못한 말씀을 하시죠?"

청년은 단단히 화가 나 보였다. 나는 《팡세》에서 읽었던 말이 생각났다. 파스칼이 그 말을 반복하는 것을 듣고 뭔가 마음에 닿는 것이 있었다. 숨어 있기를 원하시는 분……. 파스칼이 어떤 대답을 할지 조바심이 났다. 파스칼은 천천히 눈을 감았다. 그의 얼굴에 잔잔하게 미소가 번졌다.

"자연 속에서도 우리의 모든 삶에서도 하느님은 나타나고 계십니다."

"파스칼 선생님, 지금 장난하자는 겁니까? 너무하십니다. 절 갖고 놀리시는군요!"

"내가 왜 당신을 놀리겠습니까. 나도 내 경험을 어떻게 전해야 할지 난감합니다. 그러나 분명한 것은 내 안이 나로 가득 차 있었을 때 하느님은 나를 찾아오지 않으셨다는 겁니다. 나와 같이 오만한 자에게는 하느님은 숨어 계셨을 것입니다. 눈을 뜬 자에게는 나타나시지만, 욕망으로 가득한 자는 하느님을 보지도 경험하지도 못할 거예요. 하느님은 어떤 자에게는 눈을 가려 못 보게 하시고, 어떤 자에게는 자신을 드러내시는 분입니다. 자신을 비워 겸손한 사람에게 하느님은 찾아오십니다. 그렇다고 제가 겸손한 자라는 건 아니랍니다. 겸비한 마음이 되면 하느님이 찾아오시고 그분의 영이 깃드신다고는 분명히 말할 수 있습니다. 하느님은 볼 수 있는 대상이나 물체가 아닙니다. 하느님을 볼 수 있는 대상으로 바꿔 놓으면 하느님도 과학이 다루는 대상과 같아질 뿐입니다."

"지금 말씀하시는 것과 자클린이 수녀원으로 들어간 것이 무슨 관계가 있죠?"

"자클린도 나도 하느님 앞에서 무력함을, 우리의 유한성을 깨달았다는 것을 말씀드리고 싶을 뿐입니다. 우리는 은총 없이는……"

"알겠습니다! 파스칼 선생님, 나는 신을 사랑한 자클린을 사랑한 거였군요. 볼 수 없고 알 수도 없는 신을 왜 그렇게 믿고 따르는지 저로서는 알 수가 없네요. 그러니까 저 같은 인간과는 사랑할 수 없는 거란 말씀이군요."

청년은 잠시 숨을 고르더니 작심한 듯 질문을 던졌다.

"파스칼 선생님, 평소 묻고 싶었던 것이 있습니다."

"예, 말씀하시죠."

"선생님이 말씀하시는 신을 왜 숨은 신이라고 하죠? 신이 존재한다면 왜 세상에는 악이 존재합니까? 숨은 신은 세상의 악을 외면한 건 아닌가요? 신이 선이고 사랑이라면 어떻게 이 세상을 악으로 고통받게 내버려 둘 수 있는 겁니까?"

아, 청년은 나와 선우가 파스칼에게 묻고 싶었던 것을 묻고 있었다. 나는 흥분되었다.

"우리는 유한자입니다. 유한자가 어떻게 무한자의 뜻을 알 수 있겠습니까."

"세상에 악이 존재한다는 것은 세상을 창조한 신에게도 책임이 있는 것 아닐까요? 신은 세상을 창조하고 보시기에 좋다고 하지 않았나요? 왜 완전하다는 신이 불완전한 세상을 만들었나요?"

"신이 하시는 일만 아니라 하지 않는 일도 있다는 것을 알아야 하지 않을까요?"

"아니, 그럼 악과 고통을 해결하는 것은 신이 하지 않는 일이란 말인가요?"

"저도 모릅니다. 다만…… 신이 어떤 사람은 눈을 멀게 하시고, 또 어떤 사람은 눈을 뜨게 하기 원하신다는 원칙을 받아들이지 않는다면 우리는 신이 하시는 일을 전혀 이해할 수 없을 것입니다. 이것만은 분명히 말해 두고 싶군요. 덧붙이면, 이 세계는 신의 전적인 부재를 나타내는 것도 아니고, 신의 존재를 드러내는 것도 아니라 숨은 신의 존재를 보여 줍니다. 모든 것이 이러한 흔적을 갖고 있답니다."

"모르겠습니다. 신은 사랑이라면서 왜 누구는 눈멀게 하고 누구는 눈을 뜨게 하는지……. 너무 불공평한 것 아닐까요?"

청년은 큰 목소리를 내진 않았지만 조금씩 목소리가 높아졌다. 볼 수 없고 알 수도 없는 신을 왜 믿는가? 신은 너무도 불공평하지 않은가? 이런 질문을 너무 자주 받았기 때문일까. 파스칼은 청년의 높아지는 목소리에도 전혀 동요하지 않았다. 그때 나는 문득 파스칼이 《팡세》에서 말한 '내기'가 떠올랐다. 혹 파스칼이 이 말을 저 청년에게 한다면? 아, 그런데 놀라운 일이 벌어졌다.

"신을 느끼는 것은 마음이지 이성이 아닙니다. 이것이 바로 신앙입니다. 신은 이성이 아니라 마음으로 느끼는 것입니다."

"그럼 파스칼 선생님은 이성은 불필요하다고 보시는 건가요?"

"아니요, 나는 이성이 모든 것을 알 수 있다는 확신과 맹신을 경계할 뿐입니다. 보세요. 쇠사슬에 묶인 많은 사람들을 상상해 보죠. 모두가 사형 선고를 받았어요. 이들 중 몇몇은 매일 사람들이 보는 가운데 목이 잘리고, 나머지 사람들은 비슷한 처지에 놓인 이들에게서 자신의 모습을 발견하고 희망도 없이 고통스럽게 서로를 바라보면서 자기 차례를 기다린다고 합시다. 이게 바로 인간인 우리가 처한 현실이에요. 이런 상황에 놓인 인간에게 구원은 어디서 오는 걸까요? 희망을 어디에서 찾을 수 있죠?"

과연 파스칼이다. 나는 신에 대한 불신으로 가득한 청년을 흘깃 쳐다보았다. 얼굴에는 그늘이 드리워졌지만 그는 파스칼의 말에 귀를 기울이는 듯했다.

8

의심하는 게
나쁜가요?

과학 선생님을 만나고 급하게 헤어진 선우에게서 계속 답신이 없었다. 무슨 일일까. 답답해져 선우의 목소리를 직접 듣고 싶었다.

"아, 령아. 미안."

"선우야, 무슨 일 있어?"

"응, 할머니가 쓰러지셨어."

선우의 목소리가 잦아들었다. 아, 그랬구나. 선우가 알려 준 병원은 나도 엄마와 가 본 적 있는 곳이라 어렵지 않게 찾아갈 수 있었다. 병실 안에는 햇살이 가득했다. 누워 계신 선우 할머니가 보였다. 할머니는 눈을 감고 계셨다. 할머니의 손등에 비치는 햇빛을 물끄러미 바라보던 나는 왠지 모를 평온함을 느꼈다.

"할머니, 안녕하세요. 저는 선우 친구 령이예요."

할머니는 고개를 끄덕이시고는 잠이 드셨다. 할머니 머리맡에 찬송집이 놓여 있었다. 선우는 할머니가 잠드신 것 같다며 조용조용 할머니 이야기를 들려주었다. 선우를 통해서 들은 할머니의 인생은 그냥 흘려듣기 어려웠다. 들을수록 고통스러웠다. 어떻게 그런 삶을 견디셨을까. 누워 계신 할머니는 고생을 많이 한 분처럼 보이지 않았다. 선우는 어렸을 때부터 할머니를 잘 따랐다고 했다. 선우가 말하는 동안 할머니는 눈을 떴다 감았다 하셨다. 내가 손을 잡아 드리자 할머니의 감긴 눈가에 미소가 번졌다. 할머니는 쓰러지시고 나서 말씀을 통 못 하고 계시지만, 눈을 뜨면 눈빛만큼은 건강하셨을 때와 다르지 않다고 했다.

"엄마가 일 나가시면 할머니가 언니와 나를 늘 챙겨 주셨어."

"아, 그렇구나."

할머니가 계시지 않은 나는 할머니를 생각하는 선우의 마음을 다 헤아릴 수는 없었다. 하지만 연세 드신 분들을 주로 만나는 아빠를 보고 자라선지 노인분들과 대화하는 걸 꺼려 본 적은 없다. 오히려 더 편할 때도 있다. 선우는 할머니 이야기를 이어 갔다. 할머니는 불우한 어린 시절을 겪으셨다고 했다. 가혹한 운명이란 것이 있다면 할머니야말로 그런 운명을 겪은 분이 아닐까. 선우에게서 할머니 이야기를 이렇게 자세히 듣기는 처음이었다. 선우가 자존심을 세우느라 그늘진 가족 이야기를 하지 않는 친구는 아니다. 그런데 유독 할머니 이야기는 한 번도 해 준 적이 없었다.

할머니의 신혼은 행복했다. 하지만 장남에게 시집가서 딸만 낳자 할머니는 사내아이를 낳지 못했다는 죄책감에 어느 새벽 딸을 데리고 집을 나오셨다고 한다. 그 딸이 바로 선우 어머니였다. 할머니는 행상을 하다가 음식점을 차려 억척스럽게 일하셨다. 그러던 중 음식점을 자주 찾아오는 손님 한 분이 할머니를 좋아하게 되어 그분과 재혼을 했다. 그분과 사이에서 아들을 낳았고, 다시 행복이 찾아오는 줄 알았다. 그런데 아이가 다섯 살 되던 해였다. 공원에 놀러 나간 아이가 돌아오지 않았다. 실종된 아이를 미친 듯 찾아 헤맸지만 결국 찾지 못했다. 그러자 할머니에게 더할 나위 없이 자상했던 남편이 할머니를 원망하고 폭력까지 휘두르기 시작했다. 언어폭력도 심했다. 할머니는 남편의 폭력을 피해 다시 선우 어머니를 데리고 집을 나와야 했다. 그때 할머니 나이는 서른 중반이었다. 얼마 후 할머니의 남편도 간암으로 세상을 떠났다.

여기까지 말한 선우의 눈에서 눈물이 흘러내렸다. 마치 드라마나 영화에 나오는 이야기를 듣는 것 같았다. 그런 삶을 선우 할머니가 실제로 겪으셨다 생각하니 할머니가 하느님을 믿으신다는 것이 이해되지 않았다. 아니, 받아들일 수 없었다. 할머니처럼 힘들게 살았다면 나는 일찌감치 교회와는 담을 쌓았을 것이다. 할머니는 그냥 불안하고 외로우니까 교회에 나가고 하느님을 믿게 되신 거 아닐까.

선우 할머니를 뵙고 집으로 돌아온 밤, 나는 깊이 잠이 들었다. 꿈을 꾸었다. 선우 할머니와 닮은 사람이 꿈속에 나타났다. 자세히 보니 선우 할머니가 틀림없었다. 꿈속에서 나타난 할머니는 병상에 누워 계시지 않았다. 놀랍게도 지금보다 훨씬 더 젊은 시절의 모습이었다. 그런데 그 얼굴을 어디선가 본 적이 있는 것 같았다. 어디서 보았더라…….

"나도 하느님을 뵌 적은 없단다. 하지만 하느님은 계시다는 믿음이 생겼단다."

"언제요? 제가 만약 할머니처럼 살았다면 신은 없다고 말할 수밖에 없었을 거예요."

"그래, 그럴 거야. 나도 한때는 그랬단다. 하느님이 계시다면 왜 내게 이런 시련을 주시는 걸까 하고 원망했단다. 그때만 해도 하느님을 믿지는 않았단다. 교회 다니자고 하는 사람도 없었고."

"그럼 어떻게 교회에 나가시고 하느님을 믿게 되신 건가요?"

"응, 나보다 더 고통받은 이들을 만났거든. 그분들이 신앙을 가졌다는 게 기적처럼 여겨졌단다. 그분들을 만나기 전까지 나는 내 고통이 가장 큰 줄로만 알았지. 그런데 우연히 어느 추운 겨울 새벽에 동네 교회당을 찾아갔어. 뒷자리에 앉았는데 강대상에 놓인 작은 십자가가 보였단다. 그 십자가를 보는 순간, 갑자기 눈물이 고였어. 그러고는 눈물이 그치지 않고 흘렀단다. 십자가에 매달려 고개를 내려뜨린 분이 그렇게 불쌍하게 보일 수가 없었지. 저분도 나와 같은 처지가 아닐까, 그런 마음이 사무쳤고. 잘은 모르지만, 나는 그 전까지 신은 절대적인 힘을 가진 분이라고만 생각했단다. 그런데 십자가를 보는 순간, 십자가에 못 박힌 채 매달린 그분의 헐벗고 초라한 모습을 마주한 순간, 왜 그렇게 눈물이 쏟아지던지……. 마치 무언가에 이끌린 듯한 기분이 들었단다.”

할머니가 내게 하고 싶은 말을 꿈에 나타나 해 주시는 것만 같았다. 나는 할머니의 말씀을 더 듣고 싶었다.

잠에서 깨어 컴퓨터를 켰다. 메일을 확인하는데 숨은 신이 이메일을 보내왔다.

령에게 파스칼이 세상을 떠나던 순간을 보여 주고 싶어.《팡세》를 다시 읽기를…….

아, 파스칼과 청년의 대화를 더 보고 싶었는데, 왜 숨은 신은 이렇게 서둘러 임종을 보여 주는 걸까. 숨은 신의 메일을 읽는 순간 나는 현실 감각이 사라진 것 같았다. 꿈속에서 보는 장면이 실제인지, 학교를 오가는 현실이 실제인지……. 그러나 꿈을 꾸는 내가 거짓이라고 생각되지는 않는다. 지금 나는 숨은 신을 통해 꿈을 꾸며 꿈속에서 파스칼을 보고 이제는 그의 임종까지 볼 수 있게 되었으니까. 하지만 막상 파스칼의 임종을 본다고 하니 허무하기도 했다. 그에 대해서 더 알고 싶고, 그가 말한 숨은 신의 의미도 이해하고 싶었는데.

아니, 그를 통해서 선우와 내가 찾으려 한 신을 만나고 싶었는데, 너무 아쉬웠다.

나는 버릇처럼 《팡세》를 펼쳤다. 어쩌면 파스칼을 만나려고 《팡세》를 펼치는 것 같았다. 파스칼은 어떻게 죽음을 맞이했을까. 만 39년을 살다 간 파스칼. 파스칼이 회심의 기록을 담은 종잇조각을 웃옷에 꿰맨 채 평생 간직했다는 사실은 알고 있었다.

더운 여름날이었다. 침대에 누워 있는 파스칼은 살아 있는 듯했다. 사진으로 찍힌 파스칼의 데스마스크를 본 적이 있어서 그 얼굴이 낯설지 않았다. 친지들이 곁에서 파스칼의 임종을 지키고 있었다. 그중 한 사람이 파스칼의 웃옷에서 나온 종잇조각을 잘 접어 간직하고 있었다. 친지는 내가 다가서자 마치 기다렸다는 듯이 탁자 위에 그 종잇조각을 펼쳐 놓았다. 파스칼이 회심한 기록이 날짜와 함께 적혀 있었다.

1654년. 11월 23일 월요일. 대략 10시 반에서 12시 반까지. 확신, 확신, 느낌, 기쁨, 평화. 눈물. 기쁨, 기쁨, 기쁨, 기쁨의 눈물. 나는 당신을 떠나 있었습니다. 나의 하느님, 나를 버리시렵니까? 나는 영원히 당신에게서 떨어지지 않기를 바랍니다.

나는 이미 영혼이 떠난 파스칼에게 말을 걸고 싶었다. 파스칼은 신은 볼 수 없다고 생각한 것일까. 그는 과학의 천재였다. 그런데 파스칼이 갑자기 눈을 뜨며 천천히 내게 말했다.

"령아, 과학은 보이는 대상을 탐구하고 끝까지 관찰해야 한단다. 하지만 신앙은 그런 것이 아니야. 신이 관찰의 대상이 된다면 과학의 대상일 뿐이지. 신은 당신을 찾는 자에게 당신을 드러내신단다. 그런 이들에게 모습을 나타내시거든. 그러나 당신을 찾지 않는 자에게 신은 나타나지 않는단다. 나타난다는 것을 경험하는 걸 은총이라고 한단다."

"그럼 제가 신을 찾은 것은 헛수고였나요?"

"아니란다. 령이가 그렇게 신을 찾는 것, 이미 그것이 신의 존재를 드러내고 있는 것 아닐까? 신은 당신의 모습을 우리와 같은 사람뿐만 아니라 세상 만물 속에서 드러내시는 분이 아닐까? 과학의 확실성이 아니라 신앙으로 우리는 신의 존재를 알고, 영광으로 신의 본질을 알 수 있을 거야. 신을 알기 때문에 온 마음을 다해 신을 섬기는 사람과, 신을 알지 못하기 때문에 온 마음을 다해 신을 찾는 사람들이 있지."

"온 마음을 다해서 신을 찾는 사람들……."

"나는 하느님을 알지 못하면 행복이란 것은 없다는 것을 체험했지. 하느님에게 다가갈수록 우리는 행복하고, 최고의 행복은 하느님을 분명하게 아는 것 아닐까. 하느님으로부터 멀어질수록 불행하고, 가장 큰 불행은 하느님을 알지 못하는 것이 아닐까."

"그럼 저처럼 의심하는 사람은 불행한 사람인가요?"

"의심만 하다 마는 것은 불행이지만 의심 속에서 찾는 것은 소중한 거야. 하지만 의심하면서도 찾지 않는 사람은 불행할 뿐만 아니라 불의한 자일 거야."

"저는 파스칼 당신이 신을 만났다고 생각해요. 회심하신 날 눈물을 쏟으셨잖아요. 그렇다고 제가 당신처럼 신을 만나야 한다고 생각하진 않아요. 당신은 신과 인격적인 만남을 버릴 수 없으시니까요."

"그래, 믿음과 신앙, 종교에는 눈물이 있어. 눈물이 종교와 과학의 차이라고 하면 과장일까. 나는 깊은 곳에서 우러나오는 눈물을 흘려 본 적이 없었어. 그러나 그분을 만나자 눈물이 쏟아졌단다. 내가 얼마나 연약하고 유한한 존재인가를 알게 되었어. 령이와 선우가 숨은 신을 찾고자 한 것은 너무도 귀한 일이야. 너희가 신을 찾는 과정 자체가 이미 신의 계심을 드러내고 있는 거란 생각이 들어. 사람들은 왜 꼭 눈으로 보이는 것만이 전부라고 생각하는지……. 어쩌면 인류 문명은 눈이 생기면서 시작되었다고 해도 지나친 말은 아닐 거야. 보고 싶은 욕망이 눈을 만들어 냈다고도 하지. 그럴 거야. 그러나 눈으로 인해 잃는 것도 많아졌어. 우리의 감각 기관이 얼마나 불완전한가는 일상에서도 쉽게 알 수 있지. 부디 령이와 선우가 보는 것만이 전부라는 생각을 버리기를 바라."

"예, 알겠어요."

"나도 세상의 악과 고통에 대해서 해답을 갖고 있는 건 아니야. 그러나 세상에 악과 고통이 있다고 해서 신이 침묵한다고 생각하면 안 돼. 그리고 신이 모든 것을 할 수 있는 존재라고 믿는 건 잘못된 거라 생각해. 신은 우리가 원하는 대로 움직이는 분이 아니란다. 우리는 그동안 우리 자신이 바라는 신을 만들고 그것을 숭배해 왔던 것은 아닐까? 만약 신이 늘 인간들에게 당신을 나타내 보이신다면 어떤 일이 벌어질까? 만나를 주어도 다음 날 불평을 늘어놓았던 이스라엘 사람들이 생각나는구나. 물론 신이 한 번도 당신을 나타내 보이지 않으신다면, 사람들에게 믿음이란 거의 생겨나지 않을 수도 있겠지. 그러나 나는 신께서는 여느 때는 숨어 계시지만 당신을 애써 섬기려 하는 사람들에게는 드물게 당신을 드러내 보이신다는 것을 믿게 되었어."

파스칼은 내 손을 잡아 주었다. 그 손은 따뜻했다. 눈을 뜨니 할머니가 내 손을 잡고 계셨다. 할머니는 웃음을 머금고 계셨다. 나는 두 손으로 할머니 손을 잡아 드렸다. 할머니의 눈가에 눈물이 흘렀다. 숨죽여 울던 선우는 눈을 감으신 할머니의 작고 거친 손을 잡고 있었다.

9

누군가에게
되고 싶은 사람

길을 가는데 맛있는 빵 냄새가 난다. 처음 보는 빵집이다. 빵들은 잘 진열되어 있고, 실내 한쪽은 눈이 부실 만큼 햇빛이 가득하다. 커튼이 반쯤 드리워져 있다. 조용한 음악이 흘러나온다. 묘한 기분이 든다.

"아무도 안 계세요?"

빵집이 문을 닫았나. 아닌데. 이렇게 빵과 음료수가 진열되어 있는데 손님이 없다. 이른 시간이라 그런 걸까.

"령아!"

아, 누굴까? 내 이름을 부른 사람을 바라본다.

"령아, 나야. 원이."

"아, 원이야……."

내 이름을 부르니 나도 얼떨결에 원이를 부른다. 그런데 이상하다. 원이 얼굴 같지 않다. 다른 사람일까? 30대 어른 같다. 잠시 바라본다. 원이다. 원이가 분명하다! 시끌벅적한 소리가 난다. 학생들이 우르르 들어온다.

　오랜만이다. 정말 얼마 만이지? 꿈에서 원이를 보다니! 기분이 좋았다. 처음엔 낯설어 멍하니 바라보았지만 분명 원이였다. 원이 얼굴이 밝아 보였다. 원이가 되고 싶어 한 멋진 빵집 주인의 모습이었다. 원이가 세상을 떠나기 며칠 전 들려준 이야기가 생각났다.

　"령아, 너 아니?"

　"뭘?"

　"내가 빵을 만드는 빵집 주인이 되고 싶어 한 이유."

　"음, 네가 말해 주지 않았던 것 같은데?"

　"아, 지난봄에 엄마 회사 근처에 들른 적이 있어. 엄마를 기다리다 너무 심심해서 회사 아래 있다는 큰 책방에 갔거든. 어슬렁거리다 레이먼드 카버라는 작가의 소설을 읽게 되었어. 제목이 왠지 마음에 다가오더라. 〈별것 아닌 것 같지만, 도움이 되는〉이란 제목이야.[4] 그 소설에서 읽은 대목이 너무 좋았는데, 특히 마지막 장면이 오래 마음에 남았어."

　"그래? 어떤 장면인데?"

　"아들을 잃은 젊은 부부가 빵집에 들렀거든. 그런데 이들의 사정을 뒤늦게 알게 된 중년의 빵집 주인이 처음엔 몰랐다고 사과하고는, 천천히 자신이 만든 빵을 들어 보라고 부부에게 권하는 거야. 그러고는 이 빵 저 빵 권하면서 또 들어 보라고 해. 그러면서 홀로 살아온 자기 얘기를 들려주는데, 그러는 사이 어느덧 날이 샌 거야. 그런데 놀라운 일이 일어나. 주인이 권한 빵을 먹는 사이, 젊은 부부를 짓누르고 있던 슬픔이 서서히 누그러진 거지. 아, 말재주가 없어서 잘 표현이 안 되는데, 어쨌든 그 장면이 내 마음속에 깊이 들어왔어. 빵집 주인이 슬픔에 잠긴 젊은 부부에게 빵을 권하고, 자기 얘기를 들려주는 모습이 눈앞에 보일 듯 그려지는 소설이었어. 오랜만에 정말 마음이 따듯해지는 소설을 읽은 것 같았어."

"와, 멋진데. 나도 읽고 싶다. 그건 그렇고, 그럼 원이 넌 그 빵집 주인의 모습이 멋있어서 빵 만들고, 빵집도 차리고 싶다는 거야?"

"응, 나도 누군가에게 그런 사람이 되고 싶더라."

"무슨 말이야?"

"누군가 힘들 때 그 사람의 이야기를 들어 주면서, 남들 보기엔 별것 아닌 것 같지만 도움이 되는, 그런 삶을 사는 사람……."

아, 그렇구나. 원이는 그런 사람이 되고 싶었던 거였다.

2월이다. 아직 춥다. 금요일 오후, 선우가 남긴 문자를 보았다.

'령아. 원이 부모님께서 연락 주셨어.'

'어, 정말?'

나는 원이가 떠난 뒤로 원이 부모님께 죄송스러운 마음만 가득했다. 그래서 찾아뵙지도 못했다. 오히려 나와 선우가 자책할까 염려

해 주신 분들이었기에 더욱 그랬다. 또 뵙게 되면 원이 생각이 나서 울 것 같았다.

'다음 주 주말에 시간 괜찮으면 집에 놀러 오라고 하셨어.'

'그래?'

'응, 다른 데로 이사를 갈 예정이라고 하시면서, 그 전에 보여 줄 게 있다고 하시더라.'

[4] 레이먼드 카버, 〈별것 아닌 것 같지만, 도움이 되는〉, 《대성당》(김연수 옮김, 문학동네, 2014)

10

숨은
신의 선물

"안녕하셨어요?"

"어, 왔니? 어서 들어오렴."

원이 어머니가 반갑게 우리를 맞아 주셨다. 토요일 오후, 거실에는 따스한 햇살이 가득했다. 앉으라고 권하시는 원이 어머니 목소리가 들렸다. 나와 선우는 대답은 했지만 누가 먼저랄 것도 없이 원이 방으로 눈길이 향했다.

원이 어머니께서 원이 방문을 열어 주셨다. 방에 들어서자 참고 있던 눈물이 쏟아졌다. 원이 부모님 앞에서는 절대 울지 말자 다짐했는데……. 원이의 책상에 전과 다름없이 책들이 가지런하게 놓여 있었다. 여전히 이곳에 원이가 있는 것 같았다. 선우는 방 안으로 들어오지 못한 채 울고 있었다. 원이 어머니가 등을 토닥여 주셨다. 어머니는 책상에 놓여 있던 원이의 일기장을 보여 주셨다. 일기장을 천천히 펼쳤다. 연필로 단정하게 눌러쓴 글씨가 살아 움직일 것 같았다.

오늘 처음 보는 소설을 읽음. 너무 좋다. 엄마 퇴근 시간을 기다리는 동안 너무 지루해서 엄마 회사 아래 큰 서점에 들렀다가 우연히 발견한 책. 이럴 수가. 내가 소설에 나오는 이런 빵집 주인이 되면 정말 좋겠다는 생각이 든다. 소설 제목을 보고 처음엔 뭐 이런 제목이 다 있나 싶었다. 유치하기도 했다. 〈별것 아닌 것 같지만, 도움이 되는〉이라니. 그런데 아니다. 읽어보니 참 좋다. 따스한 빵집 풍경. 아들을 잃은 젊은 부부. 빵집 주인이 그들에게 자신의 작은 무심함을 사과하며 빵을 권하는 장면이 계속 마음에 남는다. 아빠한테 용돈 받으면 이 책부터 당장 사야지.

나는 꿈에서 본 빵집, 원이가 세상을 떠나기 전 들려준 이야기가 떠올랐다. 어느 새 방으로 들어온 선우도 고개를 숙인 채 원이의 일기장을 보고 있었다.

"령아, 선우야, 이리 와서 과일 좀 먹으렴."

원이 어머니는 무릎을 꿇고 있는 우리를 보고 편하게 앉으라고 말씀하셨다. 우리는 고개를 들지 못한 채 앉았다.

"령아, 선우야."

"네……."

"그동안 힘들었지?"

원이 어머니의 잔잔한 목소리에 우리는 다시 눈물이 났다. 우리는 신을 찾고 있었어요. 원이 어머니, 숨은 신을요. 죄송해요, 너무 답답했어요. 나는 말할 수 없었지만 마음속으로 그렇게 혼잣말을 이어 갔다. 그런데 찾을 수 없었어요. 신은 찾아보고, 볼 수 있는 대상이 아니라는 걸 알게 되었어요. 하지만 왜 원이 같은 착한 친구가 세상을 떠난 건지 알고 싶었어요. 세상이 너무 불공평한 것 같았고, 신이 있다면 그 신이 원망스러웠어요. 아직 어린 저희들이지만, 신에게 묻고 싶었어요. 왜 선한 사람이 고통을 받아야 하며 죽어야 하는지를…….

"령이와 선우가 이제 고등학교에 올라가겠구나."

"네……."

"졸업식은 언제지?"

"다음 주……."

"아, 그렇구나……."

우리는 원이 어머니 얼굴을 바라볼 수 없어 고개를 숙였다.

"원이가 가장 좋아했던 친구들이 령이와 선우지. 그래서 불렀어. 이사 가기 전에 너희 얼굴을 보고 싶었단다. 여기에 있으면 원이 생각이 자꾸 나서 원이 아빠와 내가 좀 견디기가 힘들더구나. 너희들에게 이런 말을 해도 되는지 모르겠지만 원이가 령이와 선우 이야기를 자주 했어. 령이는 교회 다닌다고 했지? 원이도 교회에 나가 보려고 했었단다. 원이가 이런 말도 했어. 령이는 교회 다니면서도 한 번도 같이 가자고 하지 않았다고. 그런 점이 좋았다더구나."

"네……."

나는 아무리 가까운 사이라도 내게 자기 취향이나 취미를 강요하는 걸 싫어한다. 그래서 나도 가까운 친구에게 그러고 싶지 않았다. 한번은 어떤 친구에게 "너 나랑 교회 같이 가 볼래?"라고 물었다. 그러자 그 친구가 "그럼 너 나랑 절에 같이 갈래?" 하며 조금 화난 목소리로 대답했다. 아차 싶었다. 평소엔 그런 말투로 대답하는 친구가 아니라서 좀 놀랐다. 그리고 미안했다. 그 뒤로 나는 다른 사람에게 내가 좋아하는 걸 권하는 일을 조심스러워하게 되었다. 원이에게도 교회에 가자고 말한 적이 없었다.

"우리는 다음 달에 이사하게 되었단다. 이 집은 원이가 태어난 후로 계속 살았던 집이지. 원이는 자기 방을 무척 좋아했어. 햇빛이 잘 들어온다고. 우리도 이 집에 정이 많이 들었어. 하지만 이제는 원이를 위해서라도 이 집을 떠나야 한다는 생각이 들더구나."

원이 어머니 말씀에 귀를 기울이면서도 선우는 책상에 쌓인 책들을 바라보고 있었다. 나도 원이 어머니 옆 책상에 쌓인 책들이 눈에 들어왔다. 불교, 유교, 사후 세계…… 그리고 종교라는 이름이 붙은 책들이었다.

"응, 이 책들? 평소에는 이런 책들을 잘 읽지 않는데, 원이가 떠난 후에 읽게 되었단다. 어린 시절 집 근처에 사찰이 있었어. 그래서 스님들이 동네를 오가시는 걸 자주 보곤 했어. 비구니들도 보았고."

"네……."

"절을 가끔 다녔어. 우리 집안은 유교적인 가풍이 그대로 남아서 제사를 많이 지냈지. 그런데 언제부터인가 불교 신자는 아니지만 불교에 마음이 끌렸단다. 그냥 불경 읽는 게 좋고, 읽고 있으면 마음이 편해지곤 했어. 또 원이가 떠난 후에는 스님들이 쓴 책도 읽었지."

나는 궁금했다. 원이 어머니는 어떻게 힘든 시간을 견뎌 내셨을까.

"원이가 떠난 후로 나도 답답해서 책을 많이 읽었단다. 그 전에는 일상생활에 치여 책을 멀리했었지. 종교라는 이름을 단 책들은 더더욱 멀리했단다. 아, 내가 무슨 말을 하는 거지…… 령이와 선우가 모처럼 왔는데 미안하네."

'아니에요, 저희도 신을 찾고 있었거든요.'

나는 마음속으로 말씀드렸다. 원이 어머니 말씀을 더 듣고 싶었다. 어머니, 그냥 편하게 말씀해 주세요. 감히 입 밖에 내지는 못했지만, 언제 또 들을 수 있을지 모르기에 말씀을 끊으실까 봐 도리어 걱정되었다.

"그동안 종교 관련 책들을 많이 읽었단다. 왜냐하면……."

원이 어머니 눈가에 눈물이 고이는 것을 보았다. 나는 눈을 감고 고개를 숙였다. 원이 어머니가 왜 종교 관련 책들을 읽어 오셨는지 우리는 알 것 같았다. 하지만 그렇게 책들을 찾아 읽으신 까닭을 더 자세히 알고 싶었다.

"또 다른 세계가 있다면 원이가 그곳에서 살아 있을 것만 같았어. 그런 생각을 차마 놓아 버릴 수가 없었단다. 다른 세상, 흔히 사후 세계라고들 하지. 오죽하면 종교와는 전혀 무관하게 살아온 원이 아빠까지 '원이는 다른 세계에 살고 있을 거야. 기독교인들은 천국을 믿는다고 하지' 하면서, 정말 그런 세계가 있을지도 모른다고 말하곤 했어. 그토록 기피했던 교회도 다녀 보고, 스님도 만나 보고, 최면을 통해 원이의 목소리를 들을 수 있지 않을까 싶어 최면술을 익힌 의사를 찾아가기도 했단다. 원이 아빠도 나도 원이의 죽음을 받아들일 수가 없었던 거야."

아, 원이 어머니도 그러셨구나. 나와 선우는 신을 찾아 나섰었는데……. 어머니는 원이가 어딘가에 살아 있기를 바라셨어. 그래서 죽음 이후의 세계가 정말 있는지 알고 싶어 하신 거였어. 우리는 미처 그 생각까지는 못 했다. 신을 찾는 일에만 골몰했으니까.

"지푸라기라도 붙잡고 싶은 심정이라는 게 그런 거였을까. 자식이 죽으면 가슴에 묻는다고 하지. 아, 내가 령이와 선우에게 자꾸 무거운 이야기를 늘어놓는 것 같구나."

"아니에요."

선우가 작은 목소리로 말했다. 전혀 입을 뗄 것 같지 않던 선우가 말을 하니 나도 조금 힘이 났다. 원이 어머니가 힘들지만 않으시면 말씀을 계속 듣고 싶었다.

"정말 아니에요!"

나도 모르게 큰 목소리로 대답했다. 원이 어머니의 표정이 갑자기 밝아졌다.

"아! 그래, 고맙구나."

어머니 얼굴에 햇빛이 환하게 비쳤다. 원이 어머니 말씀을 듣는 동안 엄마 아빠와 함께 본 〈인터스텔라〉라는 영화가 떠올랐다. 시간이란 무엇일까, 공간이란 무엇일까. 내가 경험하는 시간이 시간의 전부일까. 지금 몸담은 공간이 내가 있을 수 있는 공간의 전부일까. 그 영화를 보기 전까지, 주어진 시간과 공간을 벗어나는 건 상상으로만 가능한 거라고 생각했다. 내가 경험하는 시간과 공간이 절대적인 줄 알았다. 그런데 〈인터스텔라〉는 내가 경험하는 시공간이 전부가 아닐 수 있다는 것을 가르쳐 주었다.

그날 부모님과 영화를 보고 집으로 오는 동안 나는 아무 말도 할 수 없었다. 아니, 너무 할 말이 많아져서인지도 몰랐다. 또 다른 시간과 공간이 있다면? 내가 그걸 경험할 수 있는 날이 올까? 정말 알고 싶다. 이런 상상과 공상 속에 바라본 밤하늘이 더욱 아득하게 느껴졌다.

"원이가 세상을 떠나고 나서 원이 아빠도 많이 바뀌었단다. 늘 일밖에 모르던 사람인데 교회도 가고 절도 가고……. 그런데 아무래도 일부러 시간을 내서 찾아가기가 쉽지 않다 보니 책들을 찾아 읽게 되었단다."

아, 그러셨구나…….

"암 선고를 받으면 사람들은 제일 먼저 현실을 받아들이지 못하고 몸부림치는 단계를 겪는다고 해. 우리가 바로 그랬단다. 원이가 떠나니 왜 살아야 하지, 무엇을 위해 살아야 하지, 왜 우리한테 이런 일이 일어난 걸까, 우리가 무슨 잘못을 했기에, 우리 원이가 뭘 잘못했기에 이런 일이 우리 가족에게 일어난 걸까, 하는 생각부터 들었단다. 아마 내가 교회를 다녔다면 하느님을 저주하고 신을 부정했을 거야."

원이가 떠난 후 자책하고 괴로워했던 날들이 떠올랐다. 하지만 내가 어떻게 감히 원이 부모님 마음을 헤아릴 수 있을까. 고등학교 진학을 앞두니 원이가 더욱 그립고 보고 싶다. 친구인 내 마음이 이런데 부모님 마음은 오죽하실까.

"원망할 하느님이라도 있는 기독교인들이 부럽기까지 했으니까. 계속 원이가 저 너머 다른 세상에서 숨 쉬고 있을 거라 생각하고 상상하며 위로받고 싶었지. 하루 종일 원이 생각만 하니 몸도 상하기 시작했단다. 원이 아빠도 매일 술만 드시고……. 그렇게 시간이 가고 있었단다. 그런데 이러다간 남은 삶을 제대로 살아갈 수 없겠다는 생각이 들었고, 안 되겠구나 싶었지. 보이지 않는 세계를 알 수는 없다는 생각이 들었단다. 몇 개월을 그렇게 흘려보냈어. 그러던 어느 저녁이었어."

원이 어머니는 잠시 눈을 감았다가 이내 다시 입을 여셨다.

"지난가을 어느 저녁이었단다. 창밖을 바라보는데 아파트 가로등 아래로 휠체어가 보였어. 알고 보니 항상 그 시간에 산책을 나가던 분들이었어. 휠체어에는 할머니 한 분이 앉아 계셨고, 며느리로 보이는 여자가 휠체어를 밀고 있었지. 이어서 아들로 보이는 사람이 어머니를 업고 차에 태워 드리는 모습이 보였어. 그런데…… 그 두 사람 얼굴이 그렇게 밝아 보일 수가 없더구나. 몸을 전혀 가누지 못하는 노모를 업고 웃는 모습……. 늘 보아 오던 모습이었는데, 왜 그날따라 그 모습이 마음에 다가왔는지……."

그분들 모습이 생각나신 걸까. 원이 어머니는 잠시 말씀을 멈추셨다.

"그런데 이상하게도 그 순간 뭐라도 해야지 하는 마음이 내 안에서 생겨났단다. 원이가 원하는 모습은 이런 게 아니야, 정신 차려야지, 원이 엄마 아빠인 우리가 이러면 안 되지, 잘 살아야지 하는 마음이 생겼어. 훗날 원이를 만나면 부모로서 부끄럽지 않게 말이야."

원이 어머니 목소리가 높고 밝아졌다. 덩달아 나도 힘이 났고 선우의 표정도 조금씩 환해졌다.

"지금은 사회 복지사 자격증을 준비하고 있단다. 누군가를 도우며 살아야겠다는 마음이 생겨났어. 원이가 그런 마음을 엄마 아빠에게 선물로 준 건 아닐까 싶더구나. 원이 아빠와 주말마다 독거노인들을 찾아가고 있단다. 몸을 씻겨 드리고 집안일도 도와드리고 있어. 원이 아빠와 난 둘 다 직장 생활로 바빠서 누구를 찾아가 돕는 일을 해 본 적이 없었단다. 생각해 본 적도 없고 마음에 여유도 없었지. 누군가에게 곁을 내준 적 없이 바쁘게 살아온 나날이었지……."

원이 어머니 말씀을 들으면서 파스칼의 만년을 떠올렸다. 병에서 회복된다면 남은 생애 동안 오직 가난한 사람들을 위해 헌신하리라 결심했던 그의 삶이 떠올랐다. 파스칼이 곤경에 처한 사람들을 위해 구제 사업을 했다는 일화를 책에서 읽은 기억이 났다. 원이가 준 선물. 원이 어머니 말씀이 맞았다. 그렇다. 선물, 원이가 우리에게도 선물을 준 건 아닐까.

원이에게

원아, 네가 세상을 떠난 후로 우리는 너에게 너무 미안하고 고통스러웠어. 감히 원이 네게 고통이라는 말을 쓴다는 건 말도 안 되는 줄 알아. 내 어휘가 얼마나 빈곤한지를 알 것 같아. 하지만 원아, 너 아니? 너는 우리에게 선물을 주었어. 그것은 돈으로 살 수 없는 선물이었어.

원아, 나는 이제 보이는 세계가 전부가 아니라는 것을 알게 되었어. 사람이 단순한 물질 덩어리만은 아니라는 것도. 사람을 바라볼 때 신의 형상을 상상해 보는 마음이 무엇인지도. 언젠가 읽었던 독일 우화가 떠올라. 보물 지도를 손에 넣은 꼬마가 있었대. 그 꼬마는 험한 길을 지나가는 동안 사자, 낙타, 거북이 등 동물들의 도움을 받아서 마침내 보물이 있는 곳에 이르렀다고 해. 그런데 말이야, 보물이 있다고 지도에 표시된 장소에 보물은 없었다는 거야. 그 대신 '현명한 올빼미'가 나타나 이렇게 말했다고 해.

"보물은 삶의 먼 바깥에 감추어진 게 아닙니다. 여러분이 이곳까지 오면서 어울려 이룩한 우정이 바로 참된 보물인 것입니다."

길지 않았지만 선우와 내가 신을 찾아 나섰던 길도 그와 다르지 않다고 생각해. 원아, 나와 선우는 이제 고교 3년을 마치고 수능 시험 결과를 기다리는 중이야. 정신없이 3년이 지났어. 네가 없는 동안 고교 생활 3년을 보낸 셈이야. 너는 우리에게 큰 선물을 주었어. 혹 너를 만나는 날이 온다면, 나는 적어도 네게 부끄럽지 않은 친구로 서고 싶어. 원이 네가 주고 간 선물을 잘 간직했다고 말하고 싶어. 너는 사람들이 잘 보려 하지 않는 곳, 그늘진 곳에서 소중한 것을 발견해 낼 줄 아는 친구였어.

이제 신은 물건처럼 공간을 차지하고 있는 존재가 아니라는 것도 알게 되었어. 누구도 신을 본 사람은 없다고 생각하게 되었고. 하지만 아무런 조건 없이 누군가를 환대하고 곁을 내주는 사람들, 도움이 필요한 사람들을 대가 없이 돕고 자신의 선행을 잊는 사람들, 그래서 자신이 누구를 도왔다는 사실을 의식조차 하지 않는 사람들을 통해 신은 나타나고 계신다는 믿음을 갖게 되었어.

그리고 원이 네가 떠나고 나서 우리는 네가 얼마나 소중한 존재인지 알게 되었어. 네가 우리 곁에서 사라진 후 우리는 신을 찾으려고 했었지. 착한 네가 왜 우리를 떠나야 했는지 알고 싶었고, 답답한 마음에 목사님을 찾아가기도 했어. 원아, 우리는 신을 찾으러 나선 길이 끝나 갈 즈음에야 목사님이 왜 우리에게 《팡세》를 권하셨는지 알게 되었단다. 숨은 신을 통해 꿈에서 파스칼을 만나기도 했고 말이야. 아직도 우리는 숨은 신이 누구인지 몰라. 하지만 선우 할머님의 삶을 통해서 삶에는 이성으로 헤아릴 수 없는 신비의 영역이 있다는 것, 물음 속에 남겨 둘 미지의 영역이 있다는 것을 받아들이게 되었어. 연우 누나와 과학 선생님은 철학과 과학의 입장에서 무신론을 이야기했지만, 신에 대한 또 다른 생각을 일깨워 큰 도움을 주셨고. 그리고 원아, 아니? 네 부모님은 독거노인들을 돌보고 계셔.

왜 사람은 떠나면 그립고, 없으면 보고 싶은 걸까. 그처럼 신이 보이지 않기에 우리가 그분을 갈망하는 건 아닌지. 신은 인간의 그런 약점을 아시기에 숨은 신처럼 계시는 건 아닌지. 오히려 숨어 계셔서 인간이 당신에게 향하도록 이끄시는 건지도 모른다는 생각마저 들었어.

원아, 나는 철학을 전공하기로 했어. 놀랐지? 선우는 사회 복지학에 관심을 갖고 공부하기로 했어. 선우는 몸으로 실천하며 봉사하는 삶을 살고 싶대. 선우의 선택엔 나도 놀랐어. 선우가 이과 쪽을 선택할 줄 알았거든. 나야 워낙에 문과 쪽으로 기울어 있었지만. 우리가 선택한 진로를 알면 네가 깜짝 놀랄 것 같아. 원이 너라면 어떤 진로를 선택했을까? 빵 만드는 걸 좋아하고 빵집을 운영하고 싶다고 했으니 조금 짐작은 가지만 말이야.

내가 철학을 택하게 된 건 다 원이 네 덕분이야. 파스칼의 《팡세》

를 거짓말 조금 보태면 책장이 닳을 정도로 읽었어. 그리고 고백하자면, 대학 입학시험을 치른 후 닥치는 대로 이 책 저 책들을 읽었어. 입시 준비를 하느라 못 읽은 책들이 많았기 때문만은 아니야. 소중한 사람들을 떠나보내며 내 안에 생긴 구멍을 채워 가고 싶었기 때문인지도 몰라. 네가 떠나고 선우와 신을 찾아 헤매며 왜 살아야 하는가, 어떻게 살아가야 하는가, 하는 물음이 나도 모르는 사이 내 안에서 솟아나고 있었던 걸까. 그래서 나는 철학을 공부하기로 했어. 이런 물음들을 선물로 준 네게 정말 고마워. 지혜에 대한 사랑이라는 철학. 누가 그러더라. 왜 배고픈 공부를 하려고 하냐고. 철학이 밥 먹여 주냐고. 혹 몰라, 정말 어른들 말대로 배가 고파서 철학을 그만둘지도. 하지만 난 철학으로 밥벌이를 하고 싶은 건 아냐. 철학을 가르치는 사람이 아니라도 좋아. 어떤 직업을 선택하더라도 철학하는 삶을 살고 싶어. 다행히 엄마 아빠도 철학 공부를 허락하셔서 감사할 뿐이야.

원아, 선우와 나는 10년 뒤에 이 편지를 보기로 약속했어. 그때까지는 결코 이 편지를 열어 보려고 하지 않을 거야. 어쩌면 그사이에 이사를 갈지도 몰라. 그때마다 잘 챙겨 갖고 다닐게. 하지만 설령 이 편지를 잃어버린다 해도 너는 우리 마음속에 영원히 남아 있을 거야. 우리는 어른이 되겠지만 원이 너는 늘 중학교 때의 모습으로 우리를 지켜보겠지? 우리가 어른이 되어도 너는 어린 왕자처럼 우리를 깨우

쳐 줄 거라 믿어. 아, 그리고 원아, 얼마 전 책에서 파스칼이 남긴 편지를 읽어 보았는데, 이런 말이 적혀 있었어.

'모든 사물은 어떤 신비를 감추고 있고, 모든 사물은 신을 가리고 있는 베일입니다.'

그럼, 원아 안녕!

그립고
보고 싶은 친구
원이를 생각하며
겨울밤,
령이 쓰다

부록

블레즈 파스칼은 1623년 프랑스 오베르뉴 지방의 클레르몽페랑에서 태어났습니다. 안타깝게도 어머니는 파스칼이 세 살 때 세상을 떠났습니다. 그러나 과학과 수학, 새로운 학문에 관심이 많고 교양이 풍부했던 아버지 덕분에 누나, 여동생과 함께 좋은 교육을 받고 자랐습니다. 누구나 그러하듯 파스칼은 여러 얼굴을 가진 사람이었습니다. 다양한 파스칼의 얼굴을 네 가지로 소개하고자 합니다.

첫째, 과학자, 수학자로서의 파스칼입니다. 파스칼은 11세에 식탁에서 칼과 그릇이 부딪치는 소리를 듣고 음향에 관한 글을 쓰면서 천재의 싹을 보였다고 합니다. 12세에는 유클리드 기하학 제1권의 32번 명제를 증명해 아버지와 주위 학자들을 놀라게 했고요. 이후 파스칼은 갖가지 실험을 통해 과학에 열정을 기울였습니다. '아르키메데스 이래 최고의 업적'이라고 평가된 〈원추 곡선 시론〉을 16세에 발표했고, 19세에는 아버지를 돕기 위해 계산기를 제작하기도 했습니다(이 계산기는 후에 세계 최초의 계산기로 불리게 됩니다). 그뿐만 아니라 이탈리아 과학자 토리첼리의 실험을 재현하여 그 결과를 〈진공에 관한 새로운 실험〉이란 글로 세상에 알렸습니다.

만년에는 사이클로이드 곡선에 대한 연구까지 시도합니다. 이처럼 과학을 향한 파스칼의 정열에는 엄밀한 정의, 증명, 논증을 중시하는 과학적 사고로서 '기하학의 정신'이 있다고 할 수 있습니다(파스칼은 종교적 회심 이후 기하학을 '정신의 가장 높은 훈련'이라고 평가하면서도 쓸모없는 것이라고 깎아내렸습니다. 하지만 그의 기하학의 정신은 인간의 모순된 현실을 증명과 논증의 형식으로 해부하는 데에도 유용한 도구였다고 말할 수 있겠습니다). 수학과 물리학의 영역을 향한 정열은 그가 분명 기하학의 정신을 가진 인물이란 것을 보여 줍니다. 그러나 과학에 대한 지나친 정열과 연구 때문에 본래 허약한 체질이었던 파스칼은 건강을 잃고 말았습니다.

둘째, 신학자, 신앙인으로서의 파스칼입니다. 신학자로서 파스칼은 《팡세》를 통해 신의 존재, 영혼 불멸, 신앙과 불신앙의 세계 등에 대한 자신의 신학적 견해를 밝혀 놓았습니다. 신 없는 인간의 비참, 신과 함께하는 인간의 행복을 확신한 파스칼은 인간 구원에서 신의 은총에 대한 절대적인 믿음을 가지고 있었습니다. 특히 복음서에 보이는 예수 그리스도의 삶과 죽음, 부활을 통해 신의 위대함과 인간의 연약함을 동시에 발견하며 감동

합니다. 그런 까닭에《팡세》에는 기독교의 진리를 변호하는 신학자 파스칼의 모습이 잘 나타나 있습니다.

신앙인으로서 파스칼의 모습은 아버지의 상처를 치료해 준 데샹 형제와의 만남(1차 회심)과 '성령의 불' 체험(2차 회심)을 통해 선명하게 드러납니다. 그를 보면 종교란 체험이 없이는 받아들이기 어려운 것이 아닌가 합니다. 회심을 경험한 파스칼은 철저히 신의 뜻에 따라 살고자 했습니다. 성서를 깊이 신뢰하여 매일 성서를 읽고 기도하며 묵상하는 삶을 살았고, 사랑과 겸비를 간직하며 청빈한 삶을 실천하려고 노력했습니다. 그래서 그를 따라 영적 지도를 받길 원하는 사람들도 많았습니다. 이는 종교 경험을 한 사람의 삶의 태도가 어떠해야 하는가를 보여 주는 모범적인 예라고 할 수 있습니다.

셋째, 인간 존재를 탐구한 자로서의 파스칼입니다. 파스칼은 인간의 이성에 근거한 합리주의와 기계론이 유행하던 시대에 인간의 위대함과 비참함을 동시에 응시했습니다. 파스칼은 종교가 아닌 다른 것에 빠져 있는 귀족들을 만나면서 궁정에 드나든 적도 있습니다. 여기서 그는 다양한 지식인들도 만나게 되는데, 사교 생활을 통해 인간이란 어떤 존재인가를 폭넓게 체험하게 됩니다. 이러한 경험 덕분에 파스칼은 이 세계의 허위와 위선에 눈뜨게 되었고, 인간이 얼마나 불완전하고 허영과 교만에 사로잡힌 존재인가를 실감했습니다. 파스칼이 인간은 '변덕, 권태, 불안' 속에 놓여 있다고 말한 까닭도 이런 경험에서 비롯합니다. 인간을 바라보는 파스칼의 시선이 더욱 예리하고 깊어졌다고 말할 수 있겠습니다.

이에 비추어 보면 파스칼의 《팡세》는 기독교를 변호하려는 호교론으로 그치지 않고, 인간이란 어떤 존재인가를 적나라하게 보여 주는 인간 탐구이자 인간론이라고 해도 좋을 것입니다.

넷째, 사업가이자 신앙적 실천가로서의 파스칼입니다. 앞에 설명한 대로 파스칼은 과학과 수학의 천재였고, 신학자이기도 했습니다. 그래선지 그의 다른 측면이 상대적으로 덜 알려지기도 했는데, 파스칼의 초상을 그리는 데 빼놓을 수 없는 부분이 바로 현실을 살아가는 파스칼의 실천적인 모습입니다. 그는 결코 현실을 무시한 채 살아가는 사람이 아니었습니다.

앞에도 적었듯, 그는 아버지를 돕고자 2년 만에 계산기를 발명하고, 스웨덴의 크리스틴 여왕에게 선물로 바치기도 했습니다. 어떤 사람이 파스칼의 계산기를 모방해 유사품을 만들자, 곧장 특허를 신청해 계산기에 '오베르뉴 출신의 발명가 블레즈 파스칼'이라는 이름이 붙기도 했습니다. 제작비가 비싸 50여 대밖에 만들지 못했지만 이 일은 파스칼의 이름을 널리 알리는 계기가 되었습니다.

생을 마치기 전에는 승합 마차 사업을 시작하면서 사업가로서의 면모를 보이기도 했습니다. 그는 여기서 얻은 수익으로 가난한 이들을 돕고자 했습니다. 가난하고 소외된 사람들을 위해 자신이 가진 것을 나누고 예수의 삶을 따르려고 했던 사람이었지요.

《팡세》에 대하여

누군가 제게《팡세》란 어떤 책이냐고 묻는다면 저는 주저 없이 인간의 유한
성을 절실하게 일깨워 주는 책이라고 대답하겠습니다. 유한성은 인간의 한
계 상황을 보여 주지만, 또한 인간이 선 자리와 조건을 잘 보여 주기도 하는
말입니다.

어떤 책은 당대에 출간되지 않고 저자가 세상을 떠난 후에 나오기도 합
니다. 파스칼의《팡세》가 바로 그렇습니다. 자신의 원고가 책으로 나온 것
을 보았다면 파스칼이 어떻게 반응했을까 궁금해지기도 합니다.《팡세》는
여러 판본으로 나왔습니다. 파스칼의 저술 의도와 목적을 최대한 잘 살리
려고 노력한 이들 덕분입니다. 파스칼은 병세가 악화되고 이른 죽음을 맞
게 되면서 원고를 혼자 체계적으로 정리할 시간과 여력이 없었을 것입니
다. 그러나 파스칼이 자신의 원고에 질서를 부여하려고 했다는 점은 분명
합니다.

《팡세》의 주제는 '신 없는 인간의 비참', '신과 함께하는 인간의 행복'
입니다. 파스칼은 1부와 2부에서 '신 없는 인간을 신과 함께하는 인간으로
변화시키려는 노력'의 과정을 말하고자 했습니다. 한 권의 책이 나오면 늘
뜻밖의 독자가 있게 마련입니다. 저자의 의도나 목적과 다르게 읽히기도

하죠. 파스칼은 《팡세》를 통해 그리스도교를 변호하고자 했습니다. 글을 쓴 목적이 분명했지요.

　그러나 《팡세》가 만약 그런 목적으로만 제한되었다면 '고전'으로 우리에게 읽히지 않았을지도 모릅니다. 고전에는 시공간을 넘어 공감할 수 있는 보편적인 물음들이 담겨 있습니다. 죽음, 운명, 고통과 악이라는 난제들, 한계 상황에 맞닥뜨릴 때 우리는 힘과 위로, 물음에 대한 답을 얻고 싶어 합니다. 우리가 자신의 참모습을 스스로 보기는 쉽지 않습니다. 겉으로 드러난 모습은 거울을 통해 볼 수 있지만 드러나지 않는 내면의 모습은 알기가 어렵습니다. 그러므로 인간의 실상을 비추어 주는 거울과 같은 책을 고전이라고 한다면 《팡세》는 분명 고전에 속합니다.

파스칼의 생애

● 1623. 6. 19

고급 공무원(조세 재판소 소장) 에티엔 파스칼과 어머니 앙투아네트 베공 사이에서 태어남. 파스칼보다 세 살 많은 누나 질베르트는 파스칼이 세상을 떠난 뒤《파스칼 씨의 생애》(1684)라는 책을 출판해 파스칼의 인간적인 면모와 가족이 아니면 알 수 없는 그의 다양한 모습을 생생하게 묘사함.

● 1625. 10. 5

여동생 자클린 출생.

● 1626

어머니 사망. 아버지인 에티엔은 학문 연구와 자녀 양육에 전념하길 원했고, 파스칼은 누나 질베르트, 여동생 자클린과 함께 아버지의 교육 아래 성장함.

● 1635

혼자 힘으로 유클리드 기하학 32번 명제를 증명하여 아버지를 놀라게 함. 아버지와 함께 수학자 메르센을 중심으로 한 학자들 모임에 나가기 시작함.

〈원추 곡선 시론〉을 발표함.

아버지의 세금 계산을 돕고자 구상한 계산기를 작업에 들어간 지 3년 만에 발명함.

1월에 파스칼 가족과 데샹 형제가 만남. 이들은 빙판에 넘어진 파스칼의 아버지를 헌신적으로 치료해 주었고, 파스칼 가족은 깊이 감화됨. 여동생 자클린은 이들을 만난 후 수녀가 되길 희망했고, 파스칼은 이들을 통해 첫 번째 회심을 함.

아버지 사망. 가장 큰 버팀목이었던 아버지를 잃은 파스칼은 〈아버지의 죽음에 관한 편지〉를 씀.

1월 4일, 파스칼의 반대에도 불구하고 여동생 자클린이 포르루아얄 수도원에 들어감. 이후 파스칼은 사교 생활을 하며 기독교와 멀어짐. 6월, 스웨덴의 크리스틴 여왕에게 계산기를 바치고, '정신의 우월성'에 대한 편지를 보냄.

● 1654

'성령의 불'이라는 강렬한 종교적 체험을 함. 이후 파스칼의 회심이라 불리는 이 신비한 체험을 기록한 〈메모리알〉을 웃옷 안에 꿰매 간직함. 조카 마르그리트가 기적적으로 완치(성 가시관의 기적). 파스칼은 이해부터 《팡세》 집필을 시작함.

● 1660

건강이 악화되어 클레르몽에서 요양.

● 1661. 10. 4

여동생 자클린 사망.

● 1662

3월, 오랜 친분이 있던 로안네 공과 파리 최초의 대중교통 수단인 공용 승합마차 사업을 시작. 병세가 악화되어 8월 19일 새벽 1시, 누나 질베르트의 집에서 세상을 떠남.

1. 파스칼에게 '신'은 어떤 존재일까요? (3장 참고)

2. 파스칼의 '숨은 신'은 어떤 의미를 갖고 있을까요? (7장 참고)

3. 파스칼은 '인간'을 어떻게 이해하고 있나요? (3장 참고)

4. 파스칼은 '신앙'을 어떻게 생각하고 있나요? (8장 참고)

5. 파스칼은 '행복'을 무엇이라고 이야기하나요? (5장 참고)

1. 파스칼은 자신이 믿는 신을 철학자와 과학자의 신이 아니라고 했습니다. 그들은

   신의 존재를 논증하려 하고 사물의 대상처럼 증명하려고 했기 때문입니다.

   파스칼은 신을 법칙이나 원리로 받아들이지 않습니다. 파스칼에게 신은 단순히

   기하학적 진리나 원소들의 질서를 창조한 신이 아닙니다. 파스칼에게 신은

   아브라함의 하느님, 이삭의 하느님, 야곱의 하느님, 기독교인의 하느님으로서

   사랑과 위로의 신이고, 그에게 속한 사람들의 영혼과 마음을 충족시키는 신입니다.

   또한 그들의 마음속에 비참과 신의 무한한 자비를 느끼게 하며, 그들의 영혼 깊은

   곳에서 그들과 연합하고, 그들의 영혼을 겸손과 기쁨과 신뢰와 사랑으로 채우는

   신입니다. 이러한 그의 고백은 신이 인간의 이성으로 이해할 수 있는 존재가

   아니며, 인간의 이성으로는 신의 존재를 객관적으로 증명할 수 없다는 것을 알려

   줍니다. 왜냐하면 파스칼은 우리의 마음과 심정으로 신을 만날 수 있다고 믿기

   때문입니다.

2. 《이사야서》 45장 15절에는 '구원자이신 이스라엘의 하느님, 진실로 주님께서는

   자신을 숨기시는 하느님이십니다'라는 구절이 있습니다. 파스칼은 만물이 모두

   신을 드러내 준다는 것은 사실이 아니며, 만물이 다 신을 감추고 있다는 것도

사실이 아니라고 봅니다. 다시 말해, 파스칼은 눈에 보이는 세상 사물들은 신성을 완전히 배제시키거나 신성의 존재를 뚜렷이 나타내 주는 것이 아니라, 숨어 계시는 신(Deus absconditus)의 존재를 나타내 주고 있다고 말합니다. 무엇보다 파스칼은 숨기도 하고 드러내기도 하는 신은 신을 시험하는 자에게는 모습을 숨기고, 신을 찾는 사람들에게는 모습을 나타낸다고 말합니다. 그 이유는 인간은 타락 이후 신을 알 만한 자격을 잃었지만 그들의 최초의 본성에 힘입어 신을 알 수 있기 때문입니다.

3. '인간이란 얼마나 환상적인 괴물인가? 그는 얼마나 새롭고, 얼마나 괴상하며 얼마나 무질서하고, 얼마나 모순된 인물이며, 얼마나 신기한 존재인가? 만물의 판단자인가 하면, 진흙 속에 있는 어리석은 벌레이고, 진리의 소유자인가 하면 불확실과 오류의 시궁창이며, 영광스러운 존재인가 하면 우주의 쓰레기와 같은 존재가 아닌가?' 파스칼이 보기에 인간은 이처럼 극단적인 두 얼굴을 가진 존재입니다. 그러니 파스칼이 '인간의 마음은 얼마나 공허하고 오물로 가득 차 있는가'라고 탄식해도 그리 놀랄 것이 없습니다.

파스칼은 또 이렇게 토로합니다. '인간은 천사도 짐승도 아니다. 그런데 불행한

일은 천사가 되고 싶어 하는 자가 짐승과 같이 되는 데에 있다.' 인간은 천사와

짐승, 위대와 비참, 절대적 추구와 본래적 악 사이에서 끊임없이 갈등하는

존재입니다. 그렇다면 인간은 늘 이와 같은 모순의 불행으로부터 벗어나지

못하는 존재일까요? 인간의 위대함은 어디에서 찾을 수 있는 것일까요? 파스칼은

인간의 위대함이란 바로 이 둘 사이의 긴장을 유지하는 데에 있다고 합니다.

인간은 '무한에 비하면 허무, 허무에 비하면 전체, 허무와 전체 사이에 걸려 있는

중간자'라고 할 수 있기 때문입니다.

파스칼은 인간은 위대하다고 힘주어 말합니다. 왜냐하면 인간은 자신의 비참함을

알기 때문입니다. 자신이 비참하다는 것을 모르는 것은 정말 비참하지만, 자신이

비참하다는 것을 아는 것은 비참하지 않다는 것이죠. 물론 인간이 신 없는 인간의

비참함을 깨닫는다면 그의 위대함은 더 커지겠지요. 그래서 파스칼은 인간은

생각하는 갈대라고 했습니다. 신을 생각하고 자신을 생각하고 우주를 생각하는

갈대라고 합니다. 자연물 중에 가장 약한 갈대처럼 인간은 약한 존재, 그러나

사유하는 존재이기에 위대하다고 봅니다.

4. 파스칼은 인간이 원죄(原罪)를 갖고 있다고 봅니다. 물론 인간은 마음으로 신을

만날 수 있습니다. 그러나 신앙은 인간의 노력으로 얻어질 수 있다고 보지

않습니다. 파스칼은 신앙을 '신의 은총'이라고 말합니다. 신이 대가 없이 전적으로

인간에게 베푸는 선물과 같은 것으로 보는 거죠. 파스칼은 인간 속에 있는

죄의 본성과 오만함을 응시했습니다. 파스칼은 자신을 의인이라고 믿는 죄인과

자신을 죄인이라고 믿는 의인이 있다고 했습니다. 이 말은 내가 신앙을 가졌다고

의식하는 순간, 신이 주신 은총으로서의 신앙이 아니라 자기 의를 강조하는

오만함이 들어오게 될 수도 있음을 일깨워 줍니다.

5. 파스칼은 '우리는 모두 행복을 추구한다. 그러나 발견하는 것은 비참과

죽음뿐이다'라고 했습니다. 파스칼의 눈에 비친 인간은 행복하고 싶어 하면서도

쾌락과 즐거운 오락거리에 마음을 빼앗깁니다. 눈을 가린 채 절벽으로 향해 가는

것과 같다고 할까요. 인간은 참된 행복으로부터 멀어지고, 자신의 참모습과 삶의

진실을 외면한 까닭에 불행해지고 맙니다. 그래서 파스칼은 '신 없는 인간의

비참'을 이야기했습니다. 그것은 결국 신과 함께할 때 인간은 행복할 수 있다는

말과 같습니다.

파스칼은 신 없이도 살아가는 사람들은 늘 불완전하고 자신의 욕망을

추구하며 살아가게 마련이라고 봅니다. 그런 까닭에 파스칼은 영원한 휴식은

죽음뿐이라고까지 말했습니다. 인간은 불안한 상태 속에서 일시적인 만족과

유흥, 오락을 행복이라 생각하지만, 그것은 참된 행복이 아니라고 보는 것이죠.

신의 사랑과 위로가 없는 행복은 사실은 비참의 다른 얼굴일 뿐이라고 여깁니다.

파스칼에 따르면 인간은 '변덕, 권태, 불안' 속에 놓여 있기 때문에 영원한 행복을

얻기가 힘듭니다. 파스칼의 이런 말이 극단적으로 들릴 수도 있지만 인간의

현실을 돌아볼수록 공감 가는 부분이 적지 않을 듯합니다.

도움받은 책과 글

- 블레즈 파스칼, 《팡세》(김형길 옮김, 서울대학교출판부, 1996)

- 블레즈 파스칼, 《팡세》(현미애 옮김, 을유문화사, 2013)

- 블레즈 파스칼, 《파스칼 소품집》(이환 옮김, 정음사, 1974)

- 블레즈 파스칼, 《파스칼의 편지》(이환 옮김, 지훈, 2005)

- 이환, 《파스칼 연구》(민음사, 1980)

- 이환, 《몽테뉴와 파스칼》(민음사, 2007)

- 강유원, 《철학 고전 강의》(라티오, 2016)

- 강유원, 《문학 고전 강의》(라티오, 2017)

- 강유원, 《숨은 신을 찾아서: 신념 체계와 삶의 방식에 관한 성찰》(라티오, 2016)

- 김기석, 《아, 욥: 욥기 산책》(꽃자리, 2016)

- 김영민, 《자본과 영혼》(글항아리, 2019)

- 김응교, 《그늘: 문학과 숨은 신》(새물결플러스, 2012)

- 김현승, 《마지막 지상에서》(창작과비평사, 1975)

- 박완서, 《한 말씀만 하소서》(솔, 1994)

- 이정배, 《우리는 하느님을 거리에서 만난다》(동연, 2019)

- 이정우, 《개념: 뿌리들》(그린비, 2014)

- 이택용, 《중국 고대의 운명론: 삶의 우연성에 대한 대응》(문사철, 2014)

- 루시앙 골드만, 《숨은 신》(송기영·정과리 옮김, 연구사, 1986)

- 엔도 슈사쿠, 《깊은 강》(유숙자 옮김, 민음사, 2007)

- 토머스 V. 모리스, 《파스칼의 질문: 〈팡세〉에 담긴 신과 인생의 방정식》(유지화·이
  윤 옮김, 필로소피, 2012)

- 장 메나르, 《파스칼: 인간과 사상》(변규룡 옮김, 서강대학교출판부, 1997)

- 미키 기요시, 《파스칼의 인간 연구》(윤인로 옮김, 도서출판 b, 2017)
- 필 주커먼, 《신 없는 사회: 합리적인 개인주의자들이 만드는 현실 속 유토피아》(김 승욱 옮김, 마음산책, 2012)
- 로널드 드워킨, 《신이 사라진 세상: 인간과 종교의 한계와 가능성에 관한 철학적 질문들》(김성훈 옮김, 블루엘리펀트, 2014)
- 카렌 암스트롱, 《신의 역사 2》(배국원·유지황 옮김, 동연, 1999)
- 존 코팅엄 외, 《철학, 더 나은 삶을 위한 사유의 기술》(강유원·김영건·석기용 옮김, 유토피아, 2008)
- 앤서니 케니, 《근대철학》(김성호 옮김, 서광사, 2014)
- 훌리안 마리아스, 《철학으로서의 철학사: 존재에 관한 인간 사유의 역사》(강유원·박수민 옮김, 유유, 2016)
- 강영안, 〈악에 대한 형이상학적 고찰〉, 《악이란 무엇인가》(창, 1992)
- 김영민, 〈종교, 낚시, 예술 그리고 성숙의 멋: 흐르는 강물처럼〉, 《철학으로 영화보기 영화로 철학하기(철학과현실사, 1994)
- 이익주, 〈죄의식과 예술: 죄의식과의 화해, 혹은 죄의식을 넘어서〉, 《종교 속의 철학, 철학 속의 종교》(문사철, 2013)
- Lucien Goldmann, 《The Hidden God: A Study of Tragic Vision in the Pensées of Pascal and the Tragedies of Racine》(translated from the French by Philip Thody, Routledge and Kegan Paul, 1964)
- T. S. Eliot, 〈The Pensées of Pascal〉, 《Selected Prose》(Harmondsworth: Penguin Books, 1958)
- 塩川徹也, 《パスカル『パンセ』を読む》(岩波書店, 2014)
- 山上浩嗣, 《パスカル『パンセ』を楽しむ》(講談社, 2016)